# Daniel WANGEN

# Le GUIDE du DÉBUTANT de la BOURSE

*Investissez en Bourse et gagnez
grâce aux ETF*

Copyright © Daniel Wangen – Août 2023

Couverture : Daniel Wangen
Conçu à partir d'images de Freepik.com
Image de couverture : Canva.fr
Image dans le livre : VectorJuice

Rédacteur : Daniel Wangen

Éditeur : Daniel Wangen
Haut-de-France, France

Site web : **www.danielwangen.fr**
Instagram : **@daniel_wangen**

ISBN : 979-88-534-9324-7

Imprimé sur demande

« Il ne sert de rien de se morfondre, il faut agir ; il suffit parfois d'un instant d'indécision pour compromettre un succès »

— Albert Duruz

# Sommaire

# Introduction

Bon, vous en avez marre… Marre de voir constamment votre argent se faire dilapider à la moindre occasion… VOUS AVEZ DIT STOP !

Vous vous levez chaque jour, et vous vous dites : « Allez, cette fois-ci, je m'y mets ! Je vais prendre le contrôle de mes finances et me sortir de cette boucle infernale qui m'use jour après jour ! ».

Vous avez de petites idées sur comment vous y prendre, mais vous possédez toujours cette boule au ventre qui vous freine toujours en vous mettant en tête absolument TOUS les scénarios possibles où vous allez échouer…

Autant vous dire que cela vous décourage immédiatement…

Pourtant, vous savez au plus profond de vous que vous avez cette envie grandissante de passer au niveau supérieur.

JE LE VOIS EN VOUS !

Vous avez envie de tout envoyer valser et d'enfin vous faire confiance.

Vous avez envie d'arrêter d'être stoppés continuellement dans votre élan dès que vous essayer de changer quoi que ce soit…

Vous en rêvez : pouvoir vous lever quand vous le souhaitez, sans stress, sans devoir penser au boulot, boulot, boulot.

NON.

Et je suis heureux de vous annoncer que… Ce moment arrive à grands pas !

Comment vous dites ?

Car vous êtes maintenant, ici même en train de faire un pas de titan !

Si vous m'avez lu jusqu'ici, c'est que vous êtes une personne réellement prêtes pour améliorer son niveau de vie.

Pourquoi ?

Vous en faites beaucoup plus que la plupart des gens (qui restent scotchés à leurs idées et qui n'osent jamais, ne serait-ce que, faire un tout petit pas dans cette direction...)

VOUS, vous avancez, vous tentez, vous essayez !

Et cela vaut de l'or !

La lecture de ce livre, vous aidera à tout comprendre de la Bourse et surtout... D'enfin savoir : Pourquoi l'investissement en Bourse est dorénavant accessible aux plus grands nombres !

L'idée derrière ce livre est de vous accompagner au maximum pour que vous vous puissiez sentir votre confiance s'accroître.

Pour que vous puissiez aller au-delà de cette frustration qui s'accumulent jour après jour.

Et surtout, pour que vous puissiez passer le cap ! Celui de l'investissement totalement sereinement !

Il est vrai que vous pouvez vous dire, « Pourquoi, à la lecture de ce livre, cela changerait ? Qu'est-ce qui sera différent des autres fois ? »

Je suis d'accord avec vous, c'est normal de penser cela...

Mais vous voulez que je vous le dise ? Vous dire ce qu'il va changer ?

Contrairement aux autres fois, vous allez être guidés ! Étape par étape !

Au fil de la lecture vous allez comprendre les termes dans l'ordre, au bon moment, avec des explications claires et simples.

Pour aller crescendo vers un tutoriel imagé pour vous montrer la démarche pas à pas pour que vous puissiez réellement acheter votre investissement à la fin de cette lecture.

Alors, laissez-moi vous guider tout au long de cette discussion, échangeons ensemble et passons ENSEMBLE ce mûr qui semble infranchissable : Celui de l'investissement en BOURSE.

Écoutez…

Avant de véritablement commencer, j'aimerais vous dire quelque chose…

N'hésitez pas à prendre des notes pendant que vous lisez le livre, surlignez, entourez, gribouillez.

Ce livre est À VOUS !

L'objectif c'est que vous assimilez un maximum de chose et que vous puissiez rapidement revenir sur vos notes en cas de doutes !

Personnellement c'est ce que je fais lorsque je lis un livre, je suis toujours accompagné d'une feuille et d'un crayon pour y noter toutes les idées qui me semblent pertinente pour véritablement comprendre ce que je lis.

Bref.

**Je suis Daniel WANGEN, et je serais avec vous tout au long de ce livre.**

Commençons dès à présent par le chapitre 1 : Ces 3 petits riens vont vous faire perdre beaucoup d'argent.

C'est maintenant !

## **Le Courage** est le juste milieu entre la Peur et l'Audace

### CONSEIL N°1

# Chapitre 1
# Ces 3 petits riens vont vous faire perdre beaucoup d'argent

Bon, nous y voilà ! Vous êtes sur le point de prendre une sacrée longueur d'avance sur un nombre incalculable de personne… Pourquoi ? Car je vais vous révéler les 3 erreurs que beaucoup de jeunes investisseurs (et moins jeunes) font lorsqu'ils ont l'envie de commencer à investir en bourse (ou tout autre investissement). Et oui, ces erreurs sont valables pour un grand nombre d'investissement !

Que demander de plus !… Quoi de l'argent en plus ? Ahah, oui cela viendra par la suite !

Bref. Laissez-moi vous expliquer maintenant clairement et rapidement ces 3 erreurs fatales !

## La première Erreur est d'essayer de battre le marché

Vous vous dites sûrement : « Ça veut dire quoi battre le marché ? »

Un peu de contexte, maintenant il n'a jamais été aussi simple d'investir en Bourse. De ce fait, un grand nombre de personne tente leur chance avec un mauvais but en tête… Tout ce qu'ils veulent c'est faire mieux que tout le monde et de gagner un maximum d'argent en un minimum de temps ! Alors qu'il vous faut tout simplement éviter te faire des erreurs, d'investir constamment et d'avoir de la patience !

Et oui, votre but est bien évidemment de faire de l'argent, mais il vous faut prendre le bon chemin pour y arriver… Et cela se fait en appliquant de bonnes pratiques car sachez-le, même les plus grands experts ne peuvent prévoir ce qui va se passer, car la bourse est par nature imprévisible. Malgré leurs expériences, leurs expertises et leurs connaissances des marchés boursiers ils ne peuvent réussir à battre le marché. Donc imaginez-vous qu'un jeune investisseur puisse vaincre ce mastodonte ?

*À la Bourse, tu as 2 choix :*

*T'enrichir lentement*
*Ou*
*T'appauvrir rapidement*

Personnellement, je ne pense pas… Dans ce cas, il vaut mieux ne pas chercher à battre à tout prix le marché mais plutôt de vous concentrer à suivre le marché dans ses hauts et ses bas.

Car petit secret : La Bourse est en hausse constante depuis toujours !

Ne vous en faites pas, nous reviendront en détail sur ces points pour véritablement cerner la magie derrière cet investissement !

Continuons.

## Ensuite la 2e erreur la plus fréquente et de ne pas regarder les frais

Lorsque vous achetez un ETF, une action ou quoi que ce soit, généralement, il y a des frais, mais contrairement à l'immobilier auquel s les frais sont assez importants pour que nous ne puissions pas les oublier, les frais des ETF sont assez faibles…

Vous pouvez facilement vous dire que des frais de 2 %, 3 % ne sont rien comparés à la somme investie, car nous pensons au long terme mais 2 % chaque année grignote une part importante de votre plus-value que vous allez engendrer et cela peut devenir une somme astronomique que vous allez perdre.

S'il y a bien une chose à bien faire gaffe, cela serait cela !

Les frais doivent devenir une de vos priorités absolues lorsque vous souhaitez investir cela peut engendrer des différences importantes entre 2 investisseurs.

## Pour finir la 3e erreur est de réagir émotionnellement aux hausses et aux baisses

Je pense que je peux affirmer sans trop hésiter que c'est l'erreur la plus commune de tous les investisseurs… Et c'est aussi à cause de cela que la Bourse a si mauvaise réputation !

Pourquoi ? Car le fait de réagir et de prendre des décisions à la hâte (tout en ayant la certitude de sauver les meubles en vendant vos parts), vous fait vendre au pire moment… Et par conséquence subir de lourde perte…

Mais rappelez-vous d'une seule petite chose à ce stade : Le marché a connu, connaît et connaîtra des baisses… mais il repartira à la hausse comme toujours !

Il est alors crucial que vous possédez une vision de votre investissement sur le long terme, sans regarder l'évolution de la bourse pour ne pas être tenté de retirer votre investissement, car la plupart des cas cela ne sera qu'infructueux.

Ne vous en fait pas, il existe dorénavant une solution pour vous aider grandement à vous libéer de l'attache émotionnelle que vous pouvez avoir avec les investissements traditionnels en Bourse.

Roulement de tambours…

Il s'agit des ETF !

…

Quoi ? Personne n'est aussi joyeux que moi ?

Bon, d'accord, laissez-moi vous présenter ce qu'est un ETF maintenant pour que vous puissiez comprendre pourquoi je suis autant enjoué !

C'est parti !

# Chapitre 2

# Qu'est-ce qu'un ETF ?

### Pour savoir ce qu'est un ETF, il faut d'abord savoir ce qu'est une action ?

Une action est une part du capital d'une entreprise, en possédant une part vous devenez alors copropriétaire d'une entreprise, ce qui vous donne alors plusieurs droits :

Celui de voter dans les assemblées générales et (celui pour lequel vous souhaitez avoir la part de cette société), de recevoir des dividendes !

### Bonus : Quelle est la différence entre une action et une obligation ?

Les actions ne sont pas le seul moyen d'investir dans une entreprise.
On peut également acheter les obligations (des parts de la dette de l'entreprise) donc on est plus copropriétaire mais cocréancier.

### En sachant cela, qu'est-ce qu'un ETF alors ?

Pour commencer un ETF (**Exchange Traded Fund** ou en français **Fond Côté en Bourse** voir **Tracker**) est un panier d'actions qui vous permet d'acheter un ensemble d'actions de différentes entreprises au lieu d'une seule ce qui permet directement de diversifier votre investissement !

Et oui, car ces paniers de titre peuvent être composés des dizaines, de centaines voir de milliers de titres !

Et de manière vachement naturelle cela permet de s'exposer de manière assez large à tout un tas d'investissements différents et d'entreprises différentes.

Alors, trouvez-vous cela intriguant ?

## Mais concrètement , que fait un ETF ?

Un ETF est bien plus qu'un ensemble d'actions… Un ETF cherche aussi à répliquer la performance d'un indice (les mouvements de l'actif qui réplique) qui peut être le CAC40 (les 40 plus grosses entreprises de France) ou bien le S&P 500 (Les 500 plus grosses entreprises des Étas-Unis)

Vous pouvez vous dire : « Mais ça veut dire quoi ? »

Prenons un exemple pour que cela soit clair.

L'ETF va (part tous les moyens) essayer d'avoir la même évolution qu'un indice voulu, donc si l'indice du S&P 500 est de 9 % d'augmentation par an alors l'ETF en question devra essayer d'être le plus proche possible des 9 % d'augmentation.

Comme l'ETF suit l'évolution en hausse, il devra aussi la suivre dans la baisse. Et comme vu précédemment, la Bourse est toujours en hausse !

C'est une option très simple d'investir, car au lieu de mettre énormément d'effort dans l'analyse d'une société au risque de se tromper… Les ETF sont par nature des paniers avec énormément de titres à l'intérieur qui vont moyenner tout ce qu'il s'y trouve, alors l'analyse détaillée n'a plus lieu d'être mais seulement une analyse de ETF en lui-même et de son comportement.

Donc en un rien de temps, vous venez de voir que :
– L'ETF était un ensemble de titres d'entreprises différentes
– L'ETF vous permet de diversifier votre investissement sans effort
– L'ETF suit un indice donné donc sa progression est assurée.
– Et ce n'est pas terminé ! L'ETF possède de nombreux autres avantages :

Les ETF ont une **approche complètement passive** et donc vous n'avez pas besoin de suivre l'évolution des courbes des actions comme le ferait un trader car c'est un panier, il se régule du fait qu'il soit diversifié. Cela permet de ne pas mettre tous vos œufs dans le même panier et ainsi de diminuer votre risque global en tant qu'investisseur.

Ensuite **la transparence** car vu que ce sont des fonds qui sont côtés en temps réel en Bourse, cela veut dire que la valeur et la composition de l'ETF va toujours être disponible et visible quotidiennement.

Puis **la liquidité** qui est la capacité de pouvoir acheter et vendre quand vous le souhaitez car côté en bourse. C'est vraiment important du fait que le but premier de l'achat d'un ETF est d'essayer de faire fructifier votre argent, votre épargne sur le long terme tout en garantissant l'option de pouvoir revendre quand vous le souhaitez ou quand vous en avez besoin !

**Le choix** étant donné que c'est un marché qui ce qui s'est développé de plus en plus avec une croissance de 22 % annuelle et représentant dans les 10 000 milliards de dollars d'encours, cela c'est naturellement accompagné d'une expansion du nombre de produits ETF disponibles.

Ils possèdent **peu de frais** c'est une des raisons qui a fait émerger les ETF les frais très réduits qui peuvent être entre 0,05 % jusqu'à 1 à 2 % pour les plus chers.

Pour finir c'est **la maîtrise du risque** car investir en bourse est avant tout une seule chose : une gestion du risque, le risque que vous êtes prêt à accepter, à prendre pour votre investissement. Mais grâce aux ETF le risque est beaucoup plus faible que de prendre une action en direct.

## Comment acquérir un ETF ?

Rien de plus simple ! Les ETF s'achètent comme une action il est donc possible d'en acquérir via un compte-titres ordinaire, un plan d'épargne action aussi appelé PEA, avec certains contrats d'assurance-vie et pour finir le plan d'épargne retraite PER.

Il vous faudra vous rendre sur un site spécialisé que l'on abordera plus tard et acheter l'ETF que vous voulez et en un battement de cil, vous allez être l'heureux propriétaire d'un ETF.

## Investir en Bourse avec les ETF : Est-ce que c'est Risqué ?

Créés en 1993 avec maintenant 35 % des fonds du monde qui sont placés en ETF, ils ont de très bons jours devant eux et même pour vous dire, le célèbre Trader américain Warren Buffett (une légende de la Bourse) a inscrit sur son testament pour sa femme, de placer 10 % de son argent en obligations et les 90 % autres dans les ETF !

C'est pour vous dire que les ETF sont véritablement quelque chose, n'est-ce pas ?

Car les seuls points négatifs des ETF sont :

**Le risque de change**, selon les ETF que l'on achète certains vont être côtés en euros quand d'autres le seront en dollar. De ce fait, si le dollar monte ou baisse par rapport à l'euro il va avoir une répercussion de sa valeur sur ce que vous avez investi mais rassurez-vous, il y a plusieurs astuces toute simple pour pallier à cela.

La première, d'acheter dans la devise dans lequel vous vivez.

Deuxièmement lorsque vous investissez dans une autre devise pouvez mettre en place un swap.

Mais qu'est-ce qu'un swap ?
C'est lorsque l'ETF investi est dans une autre devise mais que quotidiennement sa valeur est échangée dans votre devise.
Cela permet rapidement et facilement de connaître sa valeur à tout moment de la journée

Ensuite le second défaut des ETF peuvent être **dans certains cas leur faible liquidité.**

Vu qu'il y a énormément d'ETF, il en existe des plus exotiques, plus spécialisés et si vous souhaitez d'acheter un.

Alors l'ETF ne sera pas très liquide du fait qu'il y ait moins d'investisseurs qui auront fait ce choix-là alors il y aura pas quotidiennement des gens qui achèteront et qui revendront.

Concrètement, si vous souhaitez vendre votre ETF, cela peut prendre beaucoup plus de temps que sur un ETF avec plusieurs centaines de milliers d'encours

Un des meilleurs conseils à suivre est de ne pas acheter un ETF en dessous de 100 millions d'encours.

On verra tout cela en temps et en heure !
Maintenant, continuons notre fulgurante aventure au cœur des ETF !

# Chapitre 3

# Comprendre les ETF facilement

Maintenant que l'on a vu ce qu'était un ETF, je pense qu'il serait intéressant de savoir concrètement et facilement le fonctionnement de ce dernier.

Avant toute chose, il vous faut savoir qu'il n'existe pas qu'un seul type d'ETF.

Ne vous en faites pas, le but est d'aller directement à l'essentiel, je ne vais pas vous inonder de termes barbares…

Je pense tout simplement qu'il est nécessaire que vous sachiez qu'il existe 3 types d'ETF différents.

Même si, vous le verrez dès les prochaines lignes, que si vous choisissez 1 seul de ces types dès que vous le pouvez, vous n'aurez pas à vous soucier de quoi que ce soit !

Bref.

## Quels sont les différents types d'ETF ?

Comment dit précédemment, il en existe 3 :
– Les ETF à réplication PHYSIQUE
– Les ETF à réplication PARTIELLE
– Les ETF à réplication SYNTHÉTIQUE

Pour faire simple, les ETF à réplication PHYSIQUE possèdent et investissent physiquement les diverses actions, c'est l'idéal.

C'est du concret !

Ce qu'ils investissent, ils le possèdent !

Pour les ETF à réplication PARTIELLE, un contrat est mis en place avec une contrepartie avec un tiers donc ce n'est pas l'ETF en lui-même qui possède et qui achète les actions.

Cela peut être dû à des questions de réglementation ou pour des effets de devises.

Et enfin les ETF à réplication SYNTHÉTIQUE, qui se contente de travailler avec un intermédiaire qui va acheter ce que l'ETF est censé contenir.

Ils peuvent être aussi Indiciels (qui suive un indice [CAC40]) ou bien sectoriels (Agriculture, médecine, technologie, industrie…)

Bref, j'ai fait exprès de ne pas trop rentrer dans les détails, car je ne souhaite pas vous perdre mais au moins vous avez une idée des types d'ETF qui existent.

La seule chose que j'ai envie de vous dire c'est…

Si possible, ayez des ETF à réplication PHYSIQUE !

C'est tout ce que vous devez savoir pour vous en sortir !

*Personne ne finit riche en Bourse parce qu'il est chanceux*

Mais maintenant voici la partie la plus intéressante !

## Comment cela fonctionne un ETF ?

### Est-ce que vous souhaitez un ETF capitalisant ou bien distributif ?

Un ETF qui distribuent possède généralement à la fin de son nom la lettre D, cela veut dire que L'ETF va vous distribuer des dividendes pour toutes les sociétés qu'il détient.

Tandis qu'un ETF qui capitalisent est indiqué d'un C à la fin.

Avec celui-ci, lorsque les sociétés que vous détenez peuvent distribuer des dividendes mais la grande différence c'est que le dividende ne vous sera pas retransmis, mais il sera réinvesti automatiquement dans l'ETF en question.

Cela a plusieurs avantages comme des raisons fiscales, car vous ne serait pas fiscalisés sur ces dividendes

On en parlera plus en détail par la suite, car il y a un grand nombre d'avantage à posséder un ETF qui capitalise !

# Chapitre 4

# Faire partie du Club des investisseurs en ETF (même si on a jamais investi avant)

Bon, j'avance sans crainte en disant que l'une des raisons qui vous pousse à être ici et maintenant, à lire ce livre c'est pour vous donner la chance de changer de vie, de ne plus être dépendant de l'inflation qui vous grignote jour après jour, tout votre argent si durement gagné…

Vous savez ce qu'est le plus triste dans tout cela ? Non ? Je vais vous le dire… C'est que même si vous avez les meilleurs réflexes, de mettre de côté votre argent, mois après mois, à la banque par exemple, votre argent n'a aucune chance de contrer l'inflation…

Mais je peux vous assurer sans sourciller des yeux, que vos objectifs de meilleur équilibre de vie voire de ne plus être salarié et ainsi profiter de votre famille et de l'argent que vous avez amassé est tout à fait possible.

L'investissement dans les ETF fait partie de vos options les plus faciles et des plus sécurisés.

J'y ai pensé récemment mais le plus grand défi de notre époque entouré constamment de consommation, de produits et de services servant à vous faire augmenter vos dépenses ne vous aide en rien, est de réussir à obtenir l'indépendance financière, se construire un patrimoine et aller au-delà de ce que la société veut que nous soyons.

En investissant votre argent au lieu de le laisser dormir, voir pire, être capturé dans le fléau de la surconsommation, vous avez des clés en main et être maître de vos finances.

On peut facilement penser que cela est peut-être trop beau pour être vrai comme si c'était une recette magique de mettre son argent quelque part et qui nous rapporte beaucoup d'argent dans le futur.

*En Bourse, on monte par l'escalier*

*Et on descend pas l'ascenseur*

De ce simple fait, beaucoup de gens pensent que cela ne marche pas ou qu'il y a anguille sous roche, car il y a une mentalité bien ancrée dans notre société... celle du mérite.

Comme quoi si on travaille pas dures, si on ne gagne pas à la sueur de notre front l'argent alors soi-disant on ne mériterait pas.

Mais investir n'a rien de passif... Cela se mérite ! Investir n'est pas juste le moment où l'on achète quelque chose, on place son argent à un certain endroit dans le but qui nous rapporte plus tard... Non. C'est bien plus que cela ! Et vous êtes en train de le vivre aujourd'hui ! C'est tout un processus, un long chemin en termes de réflexion avant d'acheter, avant d'oser se lancer dans cette aventure.

**Tout commence par un geste simple qui peut tout changer.**

C'est un travail de tous les jours que vous faites en addition de tout ce que vous devez faire dans la journée.

Tout ce temps, cette énergie que vous investissez maintenant... vous allez le récupérer dans le futur grâce à l'investissement que vous allez faire maintenant, que vous avez choisi de faire, car vous souhaitez être maître de votre vie et de votre destin alors non cela n'est pas facile et cela demande beaucoup d'énergie (et c'est ce qui fait la différence entre ceux qui s'osent pas et ceux qui osent)

Vous faites le bon choix en croyant en vous !

Il est vrai que l'une des plus grandes étapes lorsque d'un investissement c'est lorsque vient la première fois.

On doit se jeter à l'eau, on doit aller au-delà de ses craintes et de ses peurs et c'est le moment où vous devez vous faire le plus confiance. Même un achat minime semble être une énorme montagne à gravir !

Écoutez.

Vous avez tout fait pour investir mais la peur vous paralyse… « et si » « et si je me loupe » « et si ça marche pas » mais « et si ça marche ! »

Après tout ce que vous avez fait, toutes vos recherches, tous ces moments à chercher tous les avantages de cet investissement et surtout cette envie qui vous enivre… celle de vouloir garder le contrôle sur finance, sur votre avenir.

Imaginez-vous dans plusieurs années lorsque ces personnes vont venir vous voir en vous demandant « Hey, comment tu as réussi à faire ça ? Quel est ton secret ? » et vous allez les regarder en souriant tout en disant… « Le secret… c'est d'avoir été jusqu'au bout »

Il est vrai qu'on peut se dire que tout ça semble trop beau, c'est comme s'il existait aucun risque d'investir… Surtout en bourse…

Lorsque l'on voit les médias annoncer les krachs boursiers, que tout s'effondre, que ceux qui investissent vont perdre beaucoup d'argent, plein de chose dans ce genre-là, je comprends que l'on puisse être dubitatif…

Vous verrez.

Vous allez voir après par la suite comment se libérer facilement de cette crainte, de ces peurs.

C'est ce que font les plus grands pour réussir.

Il est vrai que comme dans toute chose il y a une part de risque… mais toute la force des ETF réside dans leur diversité !

Cela leur permet d'être plus sécurisée, mais il est tout à fait normal te ressentir cette sensation de peur, car vous vous dites qu'en cas d'échec, tout reposera sur vous étant donné que vous êtes fait confiance…

Pour vous aider voici quelques points à connaître pour investir tout en étant serein.

Pour réussir ses investissements en Bourse, il ne faut pas essayer de faire mieux que tout le monde mais tout simplement d'éviter de faire des erreurs en appliquant de bonnes pratiques.

Justement les voici, ces erreurs à éviter comme la peste !

## Si vous suivez ces conseils, vous pouvez investir les yeux bandés

### Le moment parfait est un mythe
La première chose à savoir c'est qu'il n'existe pas de moment « idéal » pour investir. Seul compte la durée de votre investissement… Ne cherchez pas le quand investir… Il n'y a jamais de bon moment. Pensez juste qu'hier était le meilleur moment et aujourd'hui est le second meilleur moment !

L'investissement en Bourse est une question de rendement composé.
Cela veut dire que plus on commence tôt et que plus vous garderez vos positions dans la durée alors plus vous allez vous enrichir et gagner de l'argent.

(Soyez prêt à aussi accepter que parfois il y aura des pertes, que vous allez perdre de l'argent, cela fera forcément partie de votre investissement.)

### Ne jamais investir tout son capital
Il faut savoir que l'investissement a pour but de ne pas perdre d'argent, mais il y a une possibilité que durant une courte période, vous en perdiez un peu.
Dans ce cas, la peur peut prendre part au jeu donc soyez prêt à investir une somme que vous êtes prêt à perdre (au moins au début lorsque vous démarrez)

De plus ne faites pas de crédit pour investir !

### Le temps est plus important que le timing
C'est mon préféré !

Le temps investi est vachement plus important que le moment investi
Il faut se dire qu'absolument tous les gens souhaitent acheter et vendre aux meilleurs moments.

Alors qu'il est plus avantageux et nettement plus important de rester investi sur la durée, car vous réduisez la probabilité de pertes et par conséquent, vous augmentez indirectement vos gains.

Car la majorité des gens prennent des décisions sous le coup de l'émotion.

Je vais vous partager les 3 facteurs qui font évoluer le cours d'une action :
– Lorsqu'une entreprise vaut moins que ce qu'elle coûte réellement en Bourse
– Lorsqu'une entreprise coûte plus que ce qu'elle vaut réellement
– Si les gens pensent qu'une action va monter ou descendre
Rappelez-vous, lors d'un achat, c'est la moyenne qui compte.

## Ne soyez pas un suiveur

Le fait de suivre et de reproduire ce que fait la foule a un côté sécurisant et vous permet de rester dans votre zone de confort. Alors s'ils chutent, vous chuterez avec eux

## Soyez méfiant vis-à-vis des bulles

Les bulles sont une force dévastatrice pour les investisseurs.

Mais qu'est-ce qu'une bulle ? C'est lorsque les prix de certains actifs grimpent, continuent à grimper encore et encore.
Cela créé un sentiment d'enrichissement rapide et facile pour toutes les personnes mais… comme une bulle de savon, elles finissent toujours par éclater.

De ce fait, un bon nombre d'investisseurs perdent énormément d'argent.
Alors rappelez-vous que la richesse immédiate n'existe pas en Bourse.

## Un sentiment désagréable

Bon, le prochain point n'est pas très sexy mais… Un bon investissement doit être ennuyeux…

Un ancien économiste américain ayant reçu le prix Nobel de l'économie, Monsieur Paul Samuelson a dit « Investir devrait plutôt être comme regarder la peinture sécher ou regarder l'herbe pousser. Si vous voulez de l'excitation, prenez 800 $ et allez à Las Vegas. »

Sachez qu'il existe toujours des actions à la mode ou des opportunités qu'il ne faut absolument pas louper mais comme dit précédemment, il n'existe pas de raccourci pour devenir riche en Bourse.

## Ne vous laissez pas submerger

ATTENTION, ce qui va suivre est important !

En cas de quelconque doute, donnez-vous du temps pour réfléchir, ne prenez pas de décision à la hâte. Essayez de chasser les émotions lorsque vous prenez des décisions importantes, car il est tout bonnement facile de se laisser distraire par une vision court terme au lieu d'une à long terme qui est le but recherché en Bourse.

Sachez que le marché subit une fois par an une baisse de 10 % donc si vous sortez à la moindre baisse alors vous ne réussirez jamais à vous faire de l'argent et c'est l'une des principales raisons selon lesquelles les gens échouent en Bourse.

Waouh, Sacré chapitre, n'est-ce pas ?

Mais j'ai une question… C'est à propos des ETF… Est-ce aussi risqué que les actions ?

On y répond de suite !

# Chapitre 5

# Est-ce que les ETF sont aussi risqués que les actions en Bourse ?

Le seul risque majeur de la Bourse est la Bourse en elle-même, car c'est imprévisible. Personne ne peut prévoir ce qu'il va se passer, ce sont les mêmes risque que d'investir dans des actions en direct.

Mais les ETF possèdent des atouts comme vu précédemment comme son avantage de taille et sa principale différence : sa diversification.

Cette diversification peut être vu comme un risque pour sa performance, car vous pouvez vous dire pourquoi se contenter d'un rendement de 10 % par an par exemple alors que si vous choisissez vous-même vos actions, vous pouvez obtenir un rendement supérieur ?

De plus, vous êtes en droit de vous dire que les ETF sont risqués car comme vu précédemment, ils suivent le marché, aussi bien les hausses et que les baisses, car de part leurs natures, ils reproduisent un indice.

Donc on pourrait se dire qu'il faudrait revendre tout simplement avant une baisse pour ne pas subir la chute mais en pratique cela est vachement différent.

Il n'est pas possible de savoir quand une baisse va apparaître, cela peut vous rendre parano car dès que vous allez voir une légère baisse, vous pourriez penser que la chute arrive alors que potentiellement non.

Gérer de manière active son portefeuille (l'achat et la revente) crée un risque supplémentaire… Et je ne pense pas que vous souhaitez être constamment devant votre ordinateur à relooker en permanence la moindre hausse ou baisse…

Personnellement moi, je ne veux pas !

Dans ce cas, les ETF seront vos meilleurs amis !

Mais sachez que l'on peut être sûre d'une chose, vous êtes gagnant sur le long terme !

La tendance est toujours à la hausse !

> ### *Le plus gros risque est de ne pas prendre de risque*
>
> ### *Dans un monde qui change très rapidement, la seule stratégie qui est garantie d'échouer, est de ne pas prendre de risques*

**À savoir : Environ 22 % des actions font mieux que le S&P 500 (les 500 plus grandes entreprises américaines) alors lorsqu'une action est choisie au hasard, vous prenez le risque d'avoir une performance médiocre (4 chances sur 5).**

Mais souvenez-vous que la performance d'un indice est imprévisible, il y a une différence entre l'analyse de l'entreprise, de ses finances et ses futures performances.

Et donc la seule manière de réussir à trouver les entreprises qui seront les plus performantes est de posséder une sérieuse capacité de prédiction que même les professionnels de la Bourse ne possède pas.

**C'est pour cela qu'un investissement sur le long terme est avantageux.**

Et ensuite les ETF vous protègent d'un risque qui peut être facilement dissous, grâce à un point que l'on revient beaucoup : sa diversification.

Ce sont les risques qui sont internes à une entreprise comme les grèves, la concurrence, les faillites, etc.

La bonne diversification d'un ETF vous permet de ne pas subir voir même de ne pas vous rendre compte d'un problème de ce genre car cela ne représentera qu'un pourcentage minime de l'ETF en question.

Alors le fait d'acheter des actions en direct vous expose davantage à un risque qui n'est pas du tout rémunérateur sur le long terme (même s'il peut l'être sur le court terme mais est tout de même risqué)

Dîtes-vous aussi que contrairement aux professionnels dont c'est le métier, vous possédez moins de temps, d'outils et d'argent pour choisir vos actions individuelles.
Mais…

Il y a un reproche que l'on peut faire aux ETF, c'est que c'est chiant.

Oh, oui, c'est chiant…

Car il est vrai qu'après avoir acheté vos ETF, il ne vous reste plus rien à faire mais juste d'avoir de la patience et beaucoup d'attente contrairement aux actions individuelles, où les recherchent, les tests sont nécessaires et offrent leurs doses de stimulation, d'excitation.

Retenez que les ETF sont un investissement, ils ne doivent pas forcément être excitants, leur but est de vous permettre de vous créer un patrimoine financier dans le temps.

# Chapitre 6

# La peur des Krachs, ce que tout investisseur du marché boursier doit connaître

J'ai l'impression que je n'ai qu'à prononcer ce mot pour que tout le monde hurle et panique… Pas vous ?

**Tout d'abord qu'est-ce qu'un krach boursier ?**
C'est lorsque l'ensemble des actions qui sont cotées en bourse d'une certaine zone s'effondrent radicalement en une chute violente, brutal et non prévu qui peut avoir des conséquences durables dans le temps et sur l'économie de tout un pays voir plus.

Lorsqu'on lit ceci, on se dit que la peur des Krachs boursiers est totalement justifiée.

Je suis d'accord avec vous, mais vous possédez un avantage de taille et vous pouvez tirer profit de ces cracks boursiers et ne jamais les subir.

Comment me dites-vous ?

Tout d'abord en ayant un portefeuille diversifié ce qui est déjà plus facilement réalisable avec un portefeuille d'ETF, mais essayez d'avoir aussi 2 types de paniers.

Un panier risque et un panier sécurité.

Cela vous permettra de mieux contrer les futurs Krachs boursiers.

Mais si je peux vous donner un conseil, un conseil en Or : la plus grande différence entre ceux qui subissent ou ceux qui profitent les krachs boursiers, c'est le fait de ne pas vendre et de rester investi !

Surtout lors des chutes, c'est un point très difficile à gérer car cela touche à l'émotionnel, c'est tout à fait compréhensible car lorsque l'on voit ses baisses on ne peut s'empêcher de se dire que cela va continuer à baisser et ne jamais remonter. Et c'est ainsi que cette peur pousser beaucoup de personnes à faire une erreur fatale… celle de vendre…

Mais surtout de vendre à perte !

Et alors de beaucoup perdre et c'est comme cela que beaucoup de gens subissent les krachs, car ils se font submerger par la panique et donc la raison n'a pu lieu d'être…

> *Soyez avide quand les autres sont peureux,*
> *Et peureux quand les autres sont avides*

Mais pour vous aider rester investi et à ne pas avoir peur lors de chutes je vais vous donner quelques faits sur la bourse :

### Personne ne peut prévoir (pas même les professionnels)
Comme nous l'avons dit précédemment personne ne peut prédire l'évolution des marchés. Personne ne pas savoir quand il y aura une hausse et quand il y aura une baisse alors les chaînes de télévision n'ont plu ne peuvent savoir.

Warren Buffet, célèbre investisseur qui a gagné des millions grâce à la Bourse a dit « Parce qu'il y a tellement de bavardages sur les marchés, l'économie, les taux d'intérêts, le comportement des prix des actions… Certains investisseurs pensent qu'il est important d'écouter les experts et pire encore, important d'envisager de donner suite à leurs commentaires »

Alors en évitant de regarder la télé qui relaie des émotions qui peuvent vous affecter de manières négatives en expliquant tout et son contraire, il est préférable de ne pas se soucier, de ne pas regarder et de faire attention à ce que vous consommiez pour ne pas être tenté car cela aura une énorme influence sur vos prises de décisions.

Vous allez alors vous éviter d'agir sous le coup des émotions véhiculées par la paranoïa des chaînes d'informations.

## Tout se répète

Ensuite depuis 1900 chaque année il y a une correction du marché mais aussi qu'un Krach arrive environ tous les 3 à 5 ans en moyenne.

Ces informations sont vachement précieuses car grâce à ce recul de plusieurs dizaines d'années sur le marché boursier, vous possédez un atout dans votre manche et qui va vous aider à ne pas vous laisser submerger lors de Crise, car ce qui se passe maintenant c'est aussi produit par le passé. Un Krach devient alors un phénomène tout à fait normal qui est arrivé et qui arrivera, cela se répète de manière cyclique dans le temps.

Donc on peut en conclure qu'après une baisse, il y a toujours une hausse.
Et cela se vérifie aussi via les données des années antérieures.

## Toujours plus haut

Point suivant, le marché boursier ne fait que croître avec le temps !

Et oui depuis la création marché boursier malgré toutes les baisses, le marché n'a fait qu'augmenter donc imaginez la plus-value que vous auriez pu faire si vous aviez investi par le passé en sachant cela.

Petit exemple, si vous aviez investi 1 000 dollars en 1980, vous auriez obtenu maintenant, un peu plus de 40 ans après, 109 000 dollars !

Vous pouvez vous dire que c'est facile de dire cela maintenant on a les données et que c'est trop tard !

Mais le plus gros danger c'est d'être hors du marché… car votre argent perd de sa valeur même si vous ne faites rien… alors l'investissement est devenu une nécessité pour garder votre pouvoir d'achat.

Et dites-vous que si dans le futur, pour une raison X ou Y, tout cela changeait car malgré tout cela on ne peut pas prévoir, vous avez la possibilité de vous protéger avec une manœuvre appeler le stop-loss qui vous permet de vendre vos actions automatiquement lorsque que vos actions atteignent un seuil critique que vous avez déterminé au préalable.

**À retenir : Une chute de la Bourse est une opportunité pour investir, car les prix sont au plus bas !**

Principe de base quand on investit, <u>on investit de l'argent que l'on peut perdre</u>, dans le pire des cas, votre quotidien ne sera pas impacté

CONSEIL N°2

# Chapitre 7
# Comment préparer le terrain pour ses futurs investissements ?

Une des règles qu'il vous faut suivre à tout prix, c'est de ne pas utiliser votre argent de tous les jours dans votre investissement... Il est préférable de vous constituer en premier lieu une épargne de précaution de 3 mois de salaire (qui peut vous aider en cas de pépin et ensuite épargner pour votre investissement futur !

Ne vous inquiétez pas, on verra tout cela en détail dans ces prochaines lignes.

Bon, excusez-moi d'avance, mais je vais être un peu cru...

Il est tout bonnement impossible de s'enrichir si on ne sait pas épargner !

Dans une société qui nous pousse sans cesse à la consommation, bombardé sans répit par la publicité, abreuvé par des stars qui nous donnent l'impression que pour réussir il faut s'habiller de telle manière et dépenser des sommes astronomiques, tout cela pour être heureux.

On est alors sous pression constante et la tentation est grande de tomber dans cette consommation abusive, cela rend de ce fait difficile l'épargne de l'argent.

Rassurez-vous je peux vous assurer qu'il est possible de réussir à épargner de l'argent même avec un faible revenu.

**L'enrichissement est un CHOIX de vie !**

Le tout premier investissement que vous devez faire avant toute chose c'est de réussir à vous générer une **épargne de sécurité** aussi appelé épargne de précaution. Son rôle est de vous aider en cas de coup dure ou de période compliquée.

Généralement il est conseillé de mettre de côté entre 3 et 6 mois de dépenses courantes (loyer, eau, électricité, assurance, nourriture, etc.). Bien sûre cela dépend de votre situation personnelle, si vous avez un emploi stable, des enfants à charges, etc.

C'est LA première étape fondamentale à faire avant toute chose.
Savoir que vous possédez de l'argent quelque part vous aidera grandement aussi au niveau émotionnel. À ne pas sous-estimer !

Ensuite **payez-vous en premier** !
Cela veut tout simplement dire qu'au début de chaque mois (ou dès que vous recevez votre salaire) vous effectuez un virement de 10 % de cette somme (si possible en automatique) sur le côté et si possible pas sur un autre compte que le courant car vous allez pouvoir piocher quand bon vous semble.

En sachant quelle somme vous devez mettre de côté, cela vous permet de la prélever immédiatement de votre rentré d'argent.

Son but ? Laisser moins de place à la tentation et de se constituer une épargne importante au fil des mois.

Si vous voulez en savoir plus à ce sujet, il y a un article entièrement dédié sur le site www.danielwangen.fr (Pourquoi vous devez impérativement vous payer en premier : Le guide définitif en 4689 mots pour enfin épargner sans effort)

Bon… Il faut y passer

**Calculez vos dépenses sur 1 mois.**
Bon, ce n'est pas très sexy, mais il faut passer par là…

Donc dès qu'il y aura une dépense, alerte on n'oublie pas de la noter.
Essayez d'avoir quelque chose qui vous aidera à traquer vos dépenses. Cela semble chiant mais ceci peut vous permettre de savoir concrètement quelles sont vos dépenses.

Car il est tout à fait possible que vous ayez des habitudes, des automatismes et que vous ne vous rendez même pas compte d'où va votre argent.

Le but est de trouver des dépenses qui pourraient être évités et qui vous font perdre de l'argent, cela permet d'être conscient !

En suivant cette logique, la prochaine étape serait de supprimer et de remplacer certaines dépenses.

Étant donné que vous avez fait l'effort de noter toutes vos dépenses dans le mois, vous avez accès maintenant à un puits de connaissance ! Il vous sera possible de savoir quelles dépenses finissent dans des choses qui vous apportent aucune valeur ou alors très peu…

Mais je tiens à préciser que si votre argent est destiné à la nourriture de qualité qui coûte alors de ce fait plus cher et que cela est primordial pour vous, bien sûre ne remplacez pas cette habitude, car vous savez que la santé est un investissement très important !

### Une liste
Utilisez de l'espèce plutôt que votre carte bleue est un excellent moyen d'éviter les achats compulsifs.

De plus en faisant une liste, vous allez être beaucoup moins tentés par cette fausse pression des promotions, à la fausse bonne affaire des magasins.

Cela vous permettra de savoir exactement ce que vous allouez à chaque produit et allez droit à l'essentiel et ne plus jamais vous dire « Pourquoi j'ai acheté cela ? » ou vous rendre compte que vous n'avez pas besoin de l'achat que vous venez d'effectuer.

*Ce n'est pas d'avoir raison ou tort qui est important,*

*Mais combien d'argent vous gagnez quand vous avez raison*

*Et combien vous perdez quand vous avez tort*

### L'achat qui change la vie !
Il vous est sûrement arrivé de tomber sur un produit qui vous semble génial, parfait, le produit que vous attendiez. Vous vous imaginez déjà avec et sans vous en rendre compte, sans y prêter attention, vous avez passé commande de manière compulsive.

1.000€ viennent de disparaître en un clin d'œil.

Dans la plupart des cas cela n'est pas une nécessité absolue et passé l'effet de nouveauté et d'euphorie, vous regrettez l'achat…

Pour palier à cela, je vais vous donner la question à se poser dès que vous avez envie d'acheter quelque chose d'assez chère…

Est-ce nécessaire ?
Si oui, Est-ce que j'ai besoin de dépenser aussi chère pour cela ?
Si oui, achetez
Si non, attendez 2 semaines pour permettre à vos émotions de retomber et de prendre une décision rationnelle.
Je sais que cela ne va pas plaire mais oui, il va falloir patienter. Dans les magasins, à la télé, tout est fait pour ne pas vous faire réfléchir et acheter sur le coup de l'émotion.

Pour vous aider, demandez-vous à quoi sert l'achat que vous souhaitez effectuer ? Si l'objet a la même fonctionnalité que celui que vous possédez déjà, cela peut vous faire un déclic et vous demandez vraiment si cela est un achat qui vous apportera de la valeur ou non.

## Les dépenses dans le divertissement

Je ne vous dis pas de ne plus jamais vous distraire mais tout est une question de conscience.

Se poser la question de où va l'argent, sans que l'on s'en rende compte.

Avec l'explosion des sites de séries que je vous épargnerais de citer, le budget doit être sacrément conséquent pour payer chaque mois toutes ces plateformes de streaming et à l'année, c'est une dépense pharamineuse qui a disparu pour des séries et films, qui je pense pour la plupart vont disparaître de notre mémoire.

Alors comme dit précédemment, cela ne veut pas dire, ne plus en avoir mais plutôt de se trouver des choses qui vous apportent réellement quelque chose.

Comme l'apprentissage d'un instrument de musique, la pratique d'un sport, le dessin…

Des divertissements où vous êtes acteurs et non spectateurs.

Où si vous voulez continuer à regarder des séries, essayer de trouver des alternatives pour diminuer le coût de ces plateformes !

## Le loyer

Je ne vous apprends rien en vous disant que l'une des principales sources de dépenses d'un foyer est son loyer.

Mais saviez-vous qu'il existait une règle à suivre en terme dépense dans cette charge ?

Le loyer ne doit pas dépasser 30-35 % des revenus que vous percevez, et l'idéal est à 20 %.

Donc si vous pouvez (bien sûre), demandez-vous quelle est la part que vous dépensez dans votre loyer et si cela peut être réduit, c'est une question que vous pouvez vous poser.

## Le Style de vie

Si je devais vous donner un conseil sur comment épargner cela serait celui-ci.

Évitez d'augmenter votre style de vie quand vous augmentez vos revenus.

Vous pouvez vous dire que justement le but d'épargner et d'investir c'est d'augmenter votre niveau de vie et vous avez raison, mais il y a une subtilité à saisir…

La plupart des personnes gagnant très bien leur vie de manière assez rapidement comme les acteurs effectuent cette erreur d'augmenter drastiquement leur train de vie et se retrouve à dépenser énormément d'argent, car il pense que du fait qu'ils ont cet argent maintenant, ils n'ont plus besoin d'épargner, d'investir ou tout simplement de gérer leurs argents de manière responsable.

Mais lorsque vous augmentez votre style de vie, votre épargne sécurité n'est donc plus à jour ! Vous devriez alors remettre de côté 3 à 6 mois de vos nouvelles dépenses et ainsi de suite et prévoir pour le futur, car ce n'est pas parce que vous avez de l'argent que vous en aurez tout le temps.

Ayez toujours un train d'avance.

## Évitez d'avoir des dettes

Je m'explique car encore une fois, il y a une subtilité dans cette phrase.

Il existe 2 types de dettes :
− La dette qui vous enrichisse comme l'immobilier mais plus simplement l'investissement sur vous-même, sur vos compétences, sur votre santé…

– La dette qui vous appauvrisse comme la voiture, le fait de changer son téléphone…

Toutefois il y a une exception à cette règle, la dette peut avoir lieu si celle-ci peut être remboursée en 6 mois de travail maximum.

Bien sûr il n'y a pas de mal à vouloir une belle voiture, un nouveau téléphone, une grande maison. Épargner ne veut pas dire abandonner, refuser toutes ces idées-là, mais il faut savoir faire attention à ne pas rentrer sur une route qui détruit à petit feu votre vie, car vous souhaitez avoir toutes ces choses trop tôt.
Faîtes juste tout ce que vous avez en votre pouvoir pour vous les offrir par la suite !

Si vous voulez en savoir davantage, il y a un article entièrement dédié sur le site www.danielwangen.fr (23 croyances sur l'épargne qui vous font perdre des milliers d'euros chaque année : Évitez-les !)

L'enrichissement est un choix de vie ! Souvenez-vous-en !

# Chapitre 8

# Qu'est-ce que l'inflation et pourquoi cela doit vous motiver à investir ?

C'est un mot que l'on entend partout, tout le temps, sur toutes les chaînes de télévisions mais savez-vous ce qu'est l'inflation ? Et le rôle bien précis qu'il occupe sur votre argent ?

Je vais répondre à ces questions et vous aidez à palier à ses dangers.

**L'inflation : C'est une augmentation générale et continue du niveau des prix des biens et des services ; une augmentation des dépenses pour tout le monde sans aucune distinction.**

Donc régulièrement, le prix des biens et des services augmentent d'année en année lorsque l'on est dans une période d'inflation.

Super, sachant que l'inflation est constamment à nos côtés et pas qu'un peu…

Cela a pour conséquence d'entraîner une baisse de la valeur de la monnaie car si les prix augmentent alors ceci veut dire que l'argent que l'on a dans notre poche a moins en moins de valeur.

Si avec 10 €, je pouvais m'acheter 10 packs d'eau à 1 € mais que l'année d'après le prix d'un pack passe à 1,10 € alors je ne peux qu'acheter à présent 9 packs d'eau.

Comment une inflation apparaît ?

Ne vous en faites, on va aller droit au but !

Il existe plusieurs façons de créer de l'inflation, en voici quelques-unes :

**— L'inflation par la demande**
Quand il y a plus de demande que d'offre, plus d'acheteurs que de vendeurs, trop de demande et une production qui ne peut suivre.
Cela a pour effet de créer une augmentation des prix, car les entreprises savent que les personnes vont quand même acheter leurs produits.

**– L'inflation par l'offre**
Créée par ceux qui vendent.
Le prix d'une matière première indispensable qui augmente par exemple l'énergie.

Une inflation qui peut être importée comme la plus visible de tous et par tous, le pétrole. Cela entraîne des augmentations du prix de l'essence.
Mais aussi par l'excès de masse monétaire, trop d'argent en circulation.

Sachez juste que l'inflation va nous suivre quotidiennement les économistes suggèrent d'avoir une inflation à 2 % par an. Donc il vaut mieux se préparer à profiter de ses avantages et à connaître ses risques.

*Ce ne sont pas les plus forts ou les plus intelligents qui survivront*

*Mais ceux qui peuvent le mieux gérer le changement*

## Mais pourquoi les économistes veulent de l'inflation ?
Car si l'inflation est la montée des prix, la déflation en est sa baisse, et c'est le pire ennemi de l'économie.

Pourquoi ?

Car lors de déflation, les consommateurs auront tendance à attendre avant de consommer, car les prix auront tendance à baisser.

Et c'est une HORREUR pour l'État ! Sa véritable Kryptonite !

Pour vous aider à comprendre ce qui nous pousse à acheter et ce pourquoi l'État préfère subir une inflation, je vais vous donner un exemple concret :

Imaginez qu'une voiture coûte 10 000 €

Si nous sommes en période de DÉFLATION, la voiture va perdre de la valeur et donc va baisser en prix.

Il se peut que la voiture vaut dorénavant 9 900 €

Cela peut continuer d'année en année ainsi les consommateurs prendront plus de temps avant d'acheter la voiture étant donné que sa valeur diminuera encore.

Alors que si nous sommes en période d'INFLATION, la voiture va augmenter en valeur et son prix va grimper.

Il se peut alors que la voiture affiche un prix de 10 100 € maintenant.

Et d'année en année le prix va croître.

Il se passera alors un effet que l'État recherche… Un effet de consommation, car les personnes sachant que les prix de ces biens augmenteront sans cesse, vont moins attendre avant d'effectuer un achat.

Alors sachant le fond derrière l'inflation et que vous allez vivre beaucoup de période de ce genre, il est préférable de savoir quels sont ses dangers mais aussi comment vous pouvez tirer votre épingle du jeu de ces phases.

# Les 4 dangers de l'inflation sur votre argent durement gagné

## L'épargne touché de plein fouet

Étant donné que l'inflation est une augmentation générale des biens et des services cela a pour conséquence la perte de valeur de votre épargne.

La richesse se mesure en pouvoir d'achat alors si votre argent dort et n'augmente pas tandis que l'inflation augmente, vous allez avoir pour conséquence, la baisse de votre pouvoir d'achat et perdre dans ce cas, de la richesse.

Sachant que si vous placez votre argent sur un livret car vous savez qu'il faut mettre de côté son argent, que vous faites toutes les choses biens, vous allez quand même subir l'inflation.

Comment me dites-vous ?

En plaçant de l'argent sur un livret, la caisse des dépôts utilisera alors votre argent comme un emprunt. En échange, celle-ci doit vous rémunérer à hauteur de 0,5 % environ.

Je crois maintenant que vous voyez le problème arriver…

Si l'inflation est plus élevée que ces 0,5 %, sachant que les économistes suggèrent 2 % par an, c'est comme si que vous perdiez de l'argent.

## Au revoir, augmentations de salaire

Je trouve que c'est un constat triste car même si vous avez reçu une augmentation de salaire, pour vraiment savoir si cela aura une répercussion positive sur votre pouvoir d'achat et alors avoir réellement perçu une augmentation de salaire, il faut vérifier que cette hausse est supérieure à celle de l'inflation.

Si cela n'est pas le cas, je suis dans le regret de vous dire que vous avez subit une réduction de salaire indirecte.

Vous avez plus d'argent sur votre compte en banque, mais vous allez pouvoir faire moins de chose qu'avant.

C'est le festival des bonnes-nouvelles mais accrochez-vous ! L'inflation peut être utilisée en votre faveur…

## Les revenus sont re-distribués

Lors d'inflation, il y a des perdants et des gagnants, si quelqu'un paye c'est que quelqu'un reçoit.

Comment des gens peuvent voir leurs trains de vie augmenter sachant que tout augmente ?

Les entreprises augmentent leurs prix et donc leurs chiffres d'affaires, pour certains l'inflation aura un effet positif, une augmentation de leurs revenus.

Et donc si l'augmentation de salaire n'est pas assez important alors cela aura pour effet une augmentation de vos dépenses.

**« L'inflation est un impôt pour les pauvres et une prime pour les riches » (François Mitterrand)**

## Et les emprunts

Si vous avez contracté un emprunt que vous devez rendre mais que l'argent a perdu en valeur par le biais de l'inflation alors l'argent que vous devez rendre sera moins conséquent en termes de pouvoir d'achat.

Mais alors quel est le rapport avec la Bourse, les ETF et les investissements ?

Eh bien justement, l'inflation a un aspect positif dans ce sens-là.
L'augmentation des investissements !

Étant donné que garder son argent liquide lui fait perdre de la valeur et que même sur un compte épargne en banque sa valeur diminue, il vaut mieux rester investis en période d'inflation.

Prenons par exemple un investissement en immobilier, dans votre propre maison.

Lors de l'achat de votre maison, vous avez dû débourser une certaine somme pour l'acquérir. Du fait de l'inflation constante chaque année, votre bien a grimpé en valeur et donc par effet de levier, votre argent investi dans les murs de votre logement n'ont pas perdu en pouvoir d'achat mais au contraire augmentait.

Grâce à ces informations, nous avons appris les dangers de l'inflation mais aussi appris que l'inflation n'est pas près de nous quitter…

Il est donc vital pour vos économies, votre épargne, votre pouvoir d'achat, de savoir utiliser à votre avantage l'inflation et ne pas subir ses effets négatifs.

Et c'est pour cela que l'inflation peut être utilisée comme moteur de motivation pour investir votre argent et lui éviter de perdre en valeur malgré tout le travail acharné que vous avez effectué pour le gagner.

Rien de pire que de voir diminuer son argent durement acquis.

Et maintenant que vous connaissez l'importance d'investir votre argent, nous allons voir quelles sont les différentes stratégies qui vous allez pouvoir mettre en place selon votre profil et vos envies.

# Chapitre 9

# Définir sa stratégie d'investissement

Il est important de se constituer une stratégie avant d'investir, et s'en créer une qui soit en adéquation avec qui vous êtes.

En termes d'ETF, comme vu précédemment, il existe 2 grandes familles d'ETF.

La première famille se caractérise par sa capitalisation. Tous les dividendes que votre investissement va générer seront réinvestis immédiatement dans l'ETF en question.

Cela a pour conséquence que vous ne toucherez jamais de rentes par mois ou année mais votre portefeuille va prendre beaucoup de valeur.

Vous pouvez vous demander à quoi cela sert ?

Cela vous donnera l'occasion de faire fructifier votre argent sur le long terme, votre placement prendre de la valeur de plus en plus importante au fil des années.

Envisagez le scénario que vous avez placé 100 € dans les ETF capitalisants à hauteur de 10 % par an.

En 1 an votre investissement va prendre 10 € (10 % de 100 €) et votre placement passera de 100 à 110 € mais votre taux restera le même !

Alors l'année d'après, vous allez récupérer 10 % de 110 € ce qui fera 11 € de dividendes !

Alors votre placement passera à 121 € et ainsi de suite de manière exponentielle.

Imaginez maintenant la même chose avec un placement plus conséquent et récupérer votre plus-value sur le long terme !

Maintenant voici la deuxième famille qui sont les distributifs.

Repartons du même exemple de placement à 100 € à hauteur de 10 % par an.

Comme dit précédemment votre investissement prendra 10 € et contrairement à avant, votre placement restera le même, mais vous allez récupérer les 10 € en dividendes.

Avec cette technique vous allez récupérer continuellement la même somme chaque année, car votre placement restera identique.

À savoir que lorsque vous recevez vos dividendes, vous allez devoir les déclarer et payer un impôt dessus et donc recevoir une partie des dividendes, ce qui n'est pas le cas pour celui capitalisant (tant que vous ne retirez pas l'argent).

## Comment fonctionnent les dividendes dans un ETF ?

Tout d'abord les dividendes sont une part qui vous revient de droit sur le bénéfice qui a été généré par l'entreprise en une année, un trimestre, un mois…

Comme vu précédemment il y a les ETF distributifs qui distribuent les dividendes et les ETF capitalisant ou accumulatif qui réinvestissent automatiquement les dividendes dans le portefeuille (nom donné à un ETF)

À savoir qu'il faut faudra déclarer aux impôts vos dividendes, car ils seront perçus comme revenus boursiers. La taxe comprend l'impôt et la CSG, ce qui fait environ 30 % du bénéfice qui doit être versé.

Ça pique…

Ce scénario c'est seulement si vous percevez les dividendes directement sur votre compte en banque alors si vos dividendes sont reversés dans l'ETF en question, vous n'allez pas encaisser les dividendes.

Cela aura pour conséquence de ne pas vous imposer (tant que vous ne récupérez pas le bénéfice).

C'est très intéressant sur le long terme.

*Focalisez-vous sur le fait que ce que vous faites est correct*

Et vous allez voir par la suite qu'il existe un dispositif en France vous permettant de diviser par deux les impôts que vous allez devoir payer très facilement.

Cela sera magnifiquement expliqué dans les chapitres suivants.

## Comment savoir exactement combien vous allez percevoir en dividendes ?

Vous pourriez me dire que si c'est 10 % par an et que vous avez placé 100 €, cela devient simple de connaître la plus-value que vous allez générer.

Mais c'est plus compliqué que cela…

L'essence même d'un ETF est d'être un panier de plusieurs entreprises.

Il est donc plus difficile de savoir combien vous allez percevoir en termes de dividendes car chacune de ces entreprises ont leurs propres politiques.

Il faut savoir que légalement une compagnie n'est pas tenue de verser des dividendes de quelques montants que ce soit.

Cette décision revient au conseil d'administration qui décide de manière périodique sur le versement des dividendes.

Mais rassurez-vous, dès que le conseil s'est prononcé, l'entreprise doit dorénavant effectuer le paiement des dividendes.

Tout cela pour vous dire que chaque entreprise ont leurs conseils d'administration qui se concertent sur la somme a alloué sur les dividendes à distribuer.

D'une année sur l'autre, toutes les sociétés peuvent faire évoluer leurs politiques de dividendes à la hausse ou à la baisse.

Cela devient tout de suite plus complexe de savoir en temps réel le montant que vous allez générer.

En sachant qu'un ETF peut contenir dix, cent voire mille entreprises dans son panier, il devient alors encore plus difficile de savoir ce que vous allez percevoir…

Pour vous donner une idée, il faudrait se pencher dans les rapports annuels de l'ETF et regarder la somme des dividendes qui ont été versés durant les années précédentes.

Mais oubliez cette méthode tout de suite !

Nous ne sommes pas là pour éplucher des comptes d'entreprises, c'est trop chiant et pas très passif comme approche.

Non.

Tout cela est en théorie, car il existe un moyen vachement simple de savoir combien vous pourriez toucher.

Chaque ETF possède un code barre que l'on appelle code ISIN :

Sur cette image, vous pouvez voir à gauche le nom des ETF.
Après leurs noms ils possèdent tous ceci « - » avec soit « Dist » ou « Acc ».
Cela indique si les ETF sont Distributifs ou Accumulatifs.

La prochaine colonne est celle qui nous intéresse, car c'est le code barre de l'ETF, le code ISIN.

LU0496786574

Par exemple, le premier code ISIN de cette page, copiez-le, nous irons le coller sur un site spécialisé qui vous permettra de savoir immédiatement ce que vous recherchez, la somme que vous allez encaisser.

Se rendre sur le site « Investing,com » (qui est gratuit)
Collez dans la barre de recherche le code ISIN choisi :

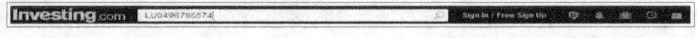

Différent ETF vont apparaître :

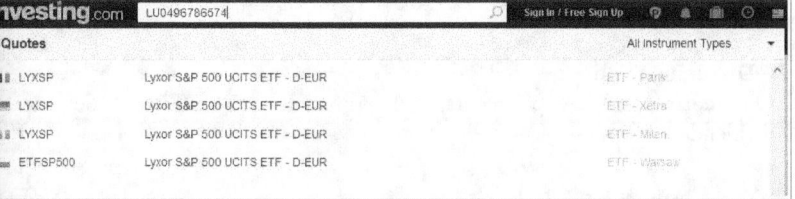

Choisissez celui de Paris (FRANCE)

Une page s'ouvre avec l'ETF en question :

N'oubliez pas de vérifier qu'il s'agit bien de l'ETF que vous désiriez avoir des informations, pour cela regarder le nom et sa valeur.

Lorsque vous êtes sûre que c'est le bon, descendez plus bas sur la page pour découvrir ce tableau :

| Prev. Close | 41.67 | Day's Range | 41.6 - 41.72 | ROI (TTM) | - |
|---|---|---|---|---|---|
| Open | 41.64 | 52 wk Range | 35.8 - 43.64 | Dividends (TTM) | 0.55 |
| Volume | 3,268 | Market Cap | 3.67B | Dividend Yield | 1.32% |
| Average Vol. (3m) | 29,758 | Total Assets | N/A | Beta | N/A |
| 1-Year Change | 10.02% | Shares Outstanding | 88,059,863 | Asset Class | Equity |

Sur la droite, vous pouvez voir deux données qui nous intéresse :
**-Dividends (TTM)**

Qui correspond au montant que vous allez percevoir (0,55 €) si vous achetez cette ETF à 41,65 €

**– Dividend Yield**
Cela correspond au pourcentage du montant de l'ETF qui deviendra dividende.

Ici 1,32 % de 41,65 font 0,55 €

Toutefois il se peut que pour les ETF capitalisants ou accumulatifs, les données ne soient pas écrites mais ne vous en faites pas, il y aura bel et bien des dividendes, mais elles seront automatiquement réinvesties.

Je comprends que cela peut sembler un peu effrayant au premier abord.

J'ai envie de vous dire que c'est tout à fait normal.

Cela n'est absolument jamais facile de se jeter dans le bain.

POUR PERSONNE !

Mais vous êtes différent ! Car contrairement à un grand nombre de personnes, vous passez à l'action ! Et la lecture de ce livre vous donne déjà une longueur d'avance incroyable !

Et pour continuer votre progression, le prochain chapitre va vous faire vibrer et vous donner une niaque d'enfer !

Vous êtes intrigués ?

Dans ce cas, c'est parti !

# Chapitre 10

# Aller au-delà de la peur de son premier investissement

Je ne sais pas pour vous mais le mot investissement est un mot à la fois rassurant et effrayant en même temps.

Rassurant, car il vous permet de sauvegarder la valeur de votre argent, gagné par la sueur de votre front… Effrayant car se lancer dans le grand bain, devoir dépenser son argent sans savoir si cela va payer est une sensation désagréable.

C'est tout à fait normal de ressentir ces émotions.

Vous avez envie de croire en vous, vous avez fait toutes ces recherches pour investir au mieux votre argent et lorsque vient le moment de le faire, un moment de panique vous gagne et vous hésitez longuement en vous disant « Est-ce fait pour moi ? », « Est-ce que je fais le bon choix ? », « Et si je craque ? ». C'est vrai que quand on se balade sur les sites de Bourse, on se sent engloutis tel un typhon par l'abondance d'information, par toutes les choses à savoir et votre motivation pourrait bien en souffrir…

Pour vous aider je vais vous montrer que la barrière est extrêmement fine entre ceux qui hésitent et entre ceux qui prennent le risque de se lancer.

*Pour gagner en Bourse,*

*Vous devez séparer votre égo de vos gains*

*Et accepter d'avoir tort*

L'idée derrière tout cela est de vous accompagner pour que vous puissiez vous faire confiance, que vos investissements soient une partie de plaisir et que vous ne soyez pas frustrés en passant des heures à hésiter. Car après toutes ces recherches vous avez aussi le droit de vous lancer dans cette aventure et vous incarnerez la différence entre vous et tous ceux qui hésitent et qui ne se lanceront jamais.

### N'oubliez pas votre but !
Souvenez-vous pourquoi vous souhaitez investir votre argent !
L'investissement est un choix que vous avez choisi de faire, pour vous permettre de trouver un meilleur équilibre de vie.

Pourquoi ?

Parce que comme vu précédemment, en investissant, vous allez conserver voire augmenter votre pouvoir d'achat et l'inflation ne sera plus qu'un lointain souvenir pour vous. L'argent dépensé vous garantira un avenir plus confortable dans le futur mais peut aussi vous aider à ne plus être salarié, à subir le métro, boulot, dodo que tant de monde essaie de fuir.
Apprenez à vivre et non à survivre.

### Des objectifs atteignables
Dans un monde où l'argent durement gagné ne vous permet pas de vous faire plaisir comme vous le souhaiteriez, le placement de votre argent est une promesse envers vous-même.

Celle de posséder votre indépendance financière que vous méritez amplement et ainsi vivre de vos rentes.

En faisant cela, non seulement vous allez vous faire plaisir, plaisir d'avoir cru en vous, mais vous allez faire du bien à votre entourage.

C'est un cadeau que vous faites à votre famille et vos enfants. Parce que vous allez construire un patrimoine qui leur donnera des possibilités énormes que vous n'avez pas eues quand vous avez démarré.

Vous allez aussi rendre votre famille vachement fière de vous parce que vous allez accomplir ce que 99 % des gens ont peur de faire, celle de croire en eux.

Les revenus passifs, la retraite anticipée ou encore l'indépendance financière ne seront plus des choses floues pour vous mais un futur à la portée de vos mains.

## Des défis à surmonter !

Il est vrai qu'il y aura un avant et un après ce moment fatidique de l'investissement. De nombreux challenges vous attendent... Mais si vous les connaissez en amont, il vous sera plus facile de les surmonter et de ne pas vous laisser submerger par les émotions, qui peuvent vous faire douter sur vous et votre réussite.

Toutes personnes se lançant pour la première fois se posent les mêmes questions et ont peur de perdre leur argent... La peur est un mécanisme tout à fait normal qui vous permet de vous défendre contre toutes menaces et c'est dans ce but, celui de baisser vos craintes que vous vous renseignez du mieux que vous pouvez pour vous rassurer.

Sachez que la différence entre ceux qui réussissent et ceux qui ne réussissent pas se jouent à un moment clé.

Et oui, vous m'avez bien entendu ! Cela se joue qu'à un seul petit moment... Celui qui fait toute la différence !

Ceux qui y arrivent ont peur d'échouer mais... Ils aboutissent à aller au-delà de cette peur, car ils ont foi en eux.

C'est pour cela que ce livre est là pour vous aider en vous montrant au mieux qu'investir est à la portée de tous si vous avez les informations nécessaires. En connaissant les risques et les atouts d'un investissement qui en est un des plus importants de nos jours : les ETF.

## Être réaliste

C'est possible d'y arriver, mais il faut tout de même savoir que les conseils que je vous donne ne vont pas faire de vous un multimillionnaire et c'est sûr que vous n'allez pas partir aux Bahamas en première classe dès demain mais ça peut quand même changer votre vie, ça peut vous amener quelques centaines d'euros chaque année qui peuvent devenir chaque mois ou bien vous donner une somme non négligeable dans plusieurs années !

Et elle est là la valeur de ces conseils. Ce sont des conseils sur le long terme, donc il est vrai que pour atteindre ce but, celui d'indépendance financière, de contrôle sur ses finances, le plus important c'est de commencer et ça, je vous le dis entre vous et moi.

Écoutez, je sais que ce n'est pas évident pour tout le monde, je sais que vous n'avez pas forcément les moyens aujourd'hui d'investir votre argent mais c'est une question de mental, d'état d'esprit, un investisseur est une personne qui pense sur le long terme, qui prépare ces arrières, qui souhaite être le seul maître de ses finances...

Il est vrai que ce n'est pas quelque chose que l'on apprend à l'école, comment gérer ses finances, car le but de la société est que vous dépensez encore et toujours...

Je le fais pour vous... Ce guide est là pour permettre aux gens de comprendre qu'ils ont le pouvoir pour reprendre leur vie en main et choisir leur destin.

# Chapitre 11

# Les a priori qui poussent les gens à ne pas investir en ETF

Les autres ont une énorme influence sur nous, et ils peuvent dicter nos choix sans que l'on s'en rende compte… C'est ainsi que naissent des « a priori » … Et les investissements en ETF n'échappent pas à cette règle eux aussi…

Je vais maintenant énumérer plusieurs « a priori » qui poussent les gens à ne pas investir en ETF et expliquer pourquoi ces craintes, ces affirmations sont infondées.

Commençons tout de suite !

## La performance des ETF peut être vaincu très facilement

Comme vu dans les premiers chapitres, les ETF sont un panier qui regroupe plusieurs dizaines, centaines ou milliers d'entreprises et l'objectif de l'ETF est de suivre au plus proche l'évolution de la performance (à la hausse ou à la baisse) d'un indice donné comme celui du CAC40 (les 40 plus grosses entreprises de France).

Alors une idée émergea de l'esprit de plusieurs personnes…

Pourquoi se contenter d'une performance qui peut être par exemple de 8 % par an en sélectionnant un ETF si je peux moi-même choisir les entreprises qui me semblent meilleures et ainsi obtenir un rendement supérieur à celui d'un ETF ?

La question est légitime de ce la poser, en choisissant un ETF, vous prenez l'ensemble du panier avec les bonnes et les moins bonnes entreprises alors pourquoi s'embêter avec ceux-là ?

Plusieurs choses sont à prendre en compte.

La performance d'une action est imprévisible, il est donc impossible de prédire les hausses et les baisses. Et c'est justement pour cela que l'ETF est une alternative intéressante pour pallier à cet inconvénient.

L'unique façon de pouvoir choisir correctement les entreprises une par une est de posséder une capacité impressionnante de prédiction pour réussir à trouver celles qui auront une performance supérieure à celle de l'ETF. Pour ne pas arranger les choses, même la plupart des plus grands professionnels échouent eux aussi à prévoir alors qu'ils possèdent plus de temps, plus d'outils et plus d'argent !

La dernière méthode que je ne vous recommande pas est celle de choisir au hasard…

## *La diversification est assurance contre l'ignorance*

Sachez juste que seule 22 % des actions auront une meilleure performance que celui du S&P 500 (les 500 plus grosses entreprises des États-Unis) alors autant vous dire qu'en choisissant au hasard votre action, vous aurez 4 chances sur 5 d'avoir une performance médiocre… alors qu'avec les ETF, votre performance copiera celui de l'indice que vous souhaitez !

## Les ETF possèdent une performance dangereuse

Les ETF suivent le marché, car ils copient et reproduisent une performance d'un indice alors si l'indice chutent, l'ETF chutera avec lui !

On peut alors se dire que la solution est toute trouvée ! Il suffirait de revendre juste avant de subir une baisse !

Dans la pratique cela est terriblement compliqué… Une étude de VANGUARD a démontré que les gérants actifs, ceux qui achètent et revendent très facilement et rapidement n'arrivent pas à battre le marché… Car gérer son portefeuille crée un risque supplémentaire, celui de retirer son argent trop tôt ou trop tard.

L'émotion prend le dessus sur la raison… Alors que d'investir en ETF, la performance va monter et descendre mais vu que vous possédez une vision long-terme, vous allez être récompensés étant donné que la tendance est toujours à la hausse !

Petit rappel : Pensez sur le long terme !

De plus, un autre risque cachée que les actions ont mais pas les ETF, ce sont les risques internes à une entreprise comme les grèves, les concurrents, les faillites, etc. Et du fait que l'ETF est un ensemble d'entreprise, si l'une a un problème, elle sera noyée sous le poids du nombre et donc vous n'aurez pas d'impact significatif sur votre performance.

La bonne diversification est la clé d'un ETF et cela vous donnera l'occasion de ne pas subir ni même de vous rendre compte d'un problème de ce genre, car le pourcentage que représente une entreprise est minime.

## Trop de diversification n'est pas bon pour la performance

Il est vrai que posséder trop d'entreprise dans votre portefeuille peut être mauvais d'un point de vue de la gestion (pour s'y retrouver) mais aussi vous poussez à prendre de mauvaises décisions et pour finir, vous faire payer des frais de gestion beaucoup trop importants... Mais seulement si vous les détenez en action directe, c'est-à-dire une par une !

Dans le cas d'un ETF qui peut posséder des dizaines, centaines voire milliers d'entreprises la gestion se comporte comme si vous possédiez une seule action alors vous serez moins sujets à de mauvaises décisions de gestions.

## Il vaut mieux investir chez les meilleurs gérants

On a vu précédemment que battre le marché était extrêmement difficile et dangereux pour votre argent, car vous possédez une chance maigre de réussir et que même les professionnels avaient du mal à le faire malgré tous les avantages qu'ils possèdent.

Mais cela veut aussi dire que certains gérants ont réussi à battre le marché, seul 6 % des professionnels ont triomphé à vaincre le S&P 500 durant les dernières années alors certaines personnes seront prêtes à investir leurs argents chez ces personnes talentueuses pour obtenir des performances supérieures au marché et rendre rapidement obsolètes les ETF...

Mais il y a un « mais » car lors de l'analyse du classement des gestionnaires en Bourse, les professionnels qui avaient réussi à battre le marché et à se situer tout en haut du classement se retrouve généralement les années suivantes tout en bas du classement...

Alors sachez qu'il ne faut pas choisir un fond pour ses performances passées.

Pour finir, en déduisant les frais, aucun gestionnaire n'a réussi à surpasser le marché selon Eugene FAMA et Kenneth FRENCH suite à leur étude de la performance des professionnels en 2010.

Conclusion de ces a priori.

## Vrai ou pas vrai ces « a priori » ?

Tous ces « on-dit » sur les ETF peuvent se regrouper autour d'une idée majeure, celle de la gestion active de la Bourse qui rendrait les ETF dépassés.
La gestion active serait celle qui permettrait d'augmenter drastiquement son investissement mais après avoir vu ces différents « a priori », il me semble cela soit réfuté...

Les ETF permettent de palier à de nombreux problèmes qui ne rassure personne dans le fait d'investir en Bourse.

Cette manière de faire regroupe des risques supplémentaires et des frais annexes tout cela sans avoir la certitude de battre la performance souhaitée.

Alors l'investissement en Bourse via les ETF n'est peut-être pas aussi excitant, étant donné que vous n'allez pas avoir l'obligation de faire des analyses en profondeurs, d'acheter et de revendre, car vous allez seulement avoir un job à faire : Acheter et puis camper vos positions pendant des dizaines d'années.

Mais lorsque l'on parle de votre avenir, de votre investissement, vous n'avez sûrement pas envie que l'on parle de jeu ou de divertissement, n'est-ce pas ?

De plus, votre but c'est que votre investissement soit passif, n'est-ce pas ?

Pas l'envie de passer des heures à tout regarder et à stresser à la moindre occasion ?

Non.

Vous souhaitez que votre argent soit bien placé et qu'il rapporte !

Alors ouvrez grand vos bras et accueillez les ETF !

**Tant que vous ne vendez pas, <u>vous ne perdez pas d'argent</u>**

CONSEIL N°3

# Chapitre 12
# Le moment parfait pour investir

Allez, vous y voilà ! La partie 3 : La gestion des ETF !

Maintenant que l'on connaît un peu plus ce type d'investissement et ce pourquoi il est intéressant de s'y mettre, vous vous demandez sûrement maintenant quand est-ce qu'il vous faut investir ?

Existe-t-il un moment idéal pour le faire ?
Si oui lequel ?

Techniquement il n'y a pas de moment parfait, car on ne peut prédire l'évolution du marché mais… il existe une méthode passive, qui ne jouera pas avec vos émotions et qui plus est vous permettra d'investir sans vous soucier des hausses et des baisses du marché…

Cette méthode s'appelle : **Le DCA (Dollar Cost Averaging)**

Aussi connu sous divers autres noms comme « la moyenne du coût en dollars » ou « l'investissement programmé » ou encore « achat périodique par somme fixe ».

Écoutez, c'est terriblement simple à comprendre.

Concrètement qu'est-ce que c'est ?

Par exemple vous possédez 2 000 € que vous souhaitez investir.

En suivant la méthode du Dollar Cost Averaging, vous allez diviser votre investissement et vous investirez 200 € pendant 10 mois par exemple au lieu de 2 000 € en une seule fois.

**Ainsi cette méthode consiste à fractionner son investissement.**
Chaque euro, chaque investissement n'est pas investi selon l'évolution du cours du marché mais selon la moyenne de la future évolution des cours du marché sur les prochains mois.

Cela vous permettra de vous diversifier d'une autre manière, en utilisant le temps !

C'est une stratégie hautement intéressante dans des marchés que l'on nomme volatile (dont le coût fluctue énormément).

Automatiser vos investissements à intervalles réguliers sans vous soucier des hausses et des baisses, qui en plus augmente vos chances d'acheter à des prix plus bas.

Voici maintenant une (toute) petite liste davantage de cette incroyable méthode.

Avantages :
– Vous savez à l'avance quelle somme vous allez dépenser et à quelle date
– Cela vous enlève la pression de choisir quand acheter et de débourser combien
– Permet de passer outre le piège de l'achat lorsque les prix ont déjà eu une forte hausse

– Permet de lisser les prix (possibilité d'acheter trop chère ou bien moins chère)

– Cela devient un investissement véritablement passif

Je ne sais pas vous, mais un exemple est toujours parlant pour comprendre sa puissance.

**Prenons un exemple :**
Vous souhaitez investir dans un ETF qui coûte 10 € et que vous possédez 12 000 € à investir.

Dans le cas où l'on achète en une seule fois :
Vous pouvez acheter 1 200 parts à 10 €

Maintenant simulons une baisse dans le cours cet ETF, en 6 mois, il perd 50 %

Théoriquement vous possédez toujours vos 1 200 parts, mais elles ne valent plus que 5 € chacune à présent.

Virtuellement vous avez alors 6 000 €.

Durant les 6 prochains mois, le cours repart à la hausse et retourne à leurs prix d'origine de l'achat 10 €

Vous possédez alors comme au début 1 200 parts à 10 €

Dans le cas où l'on utilise le DCA (Dollar Cost Averaging) :
Vous avez investi 1 000 € par mois pendant 12 mois. (Arrondi pour l'exemple)

Le 1er mois : 10 € => 100 parts
Le 2e mois : 9 € => 111 parts
Le 3e mois : 8 € => 125 parts
Le 4e mois : 7 € => 143 parts
Le 5e mois : 6 € => 167 parts
Le 6e mois : 5 € => 200 parts
Le 7e mois : 5,50 € => 181 parts
Le 8e mois : 7 € => 143 parts
Le 9e mois : 7,50 € => 133 parts
Le 10e mois : 8 € => 125 parts
Le 11e mois : 9 € => 111 parts
Le 12e mois : 10 € => 100 parts

Vous posséderiez à la fin : 1639 parts

Ce qui fait une différence de 439 parts entre l'investissement en une seule fois et le DCA (Dollar Cost Averaging)

Sachant qu'à la fin des 12 mois, chaque part vaut 10 €
| 1 200 parts à 10 € | 1 639 parts à 10 € |
| 12 000 € | 16 390 € |

En utilisant le DCA, votre portefeuille à générer un gain de 36,60 % sans que la part n'est augmentée d'un seul euro.

Le DCA vous a aidé à profiter de la baisse régulière pour acheter davantage de parts et donc lorsque le cours a augmenté, vous possédiez plus de parts ce qui s'est transformé en gain !

Je trouve cela fascinant !

En moyenne chaque part vous a coûté 7,66 € au lieu de 10 €
Vous venez d'utiliser la volatilité à votre avantage.

## Mais est-ce que le Dollar Cost Averaging est une bonne idée tout le temps ?

Selon une étude de Vanguard de l'analyse de la pertinence de l'utilisation du Dollar Cost Averaging contre celui de l'investissement en une seule fois entre 1926 et 2015 aux États-Unis en a déduit que dans 68 % des cas, l'investissement en une seule fois était plus avantageux que le Dollar Cost Averaging…

Quoi ? Mais cela contredit ce que je vous ai montré ?

Mais pourquoi ?
Cela peut s'expliquer d'une façon très simple.

Les marchés boursiers sont en hausses la plupart du temps et sachez que dans un marché en hausse, il vaut mieux investir directement son argent car plus l'investissement se fera tôt et meilleurs seront les résultats, car l'argent aura eu plus de temps pour travailler !

Dans ce cas, fractionner ses investissements empêchera de générer du rendement sur l'ensemble de la somme à investir…

*Ne vous focalisez pas sur gagner de l'argent*

*Focalisez-vous sur la protection de ce que vous avez*

## Mais alors… dois-je utiliser le Dollar Cost Averaging ?

Cela va dépendre de plusieurs facteurs et de vos envies.

Je m'explique.

Contre un gain statistiquement moins élevé, vous allez pouvoir vous débarrasser du risque d'investir au plus mauvais moment et surtout de vous aidez au niveau émotionnel, plus besoin de vous demander "Est-ce que le marché est trop haut ?" "Est-ce qu'il va y avoir une chute ?".

Le gain sera peut-être moindre, mais vous limiterez les pertes.

De plus si vous choisissez d'investir dans des actions vachement volatiles, il fait davantage sens d'investir en utilisant le Dollar Cost Averaging

**Rappelez-vous que le plus gros danger de l'investisseur est la plupart du temps, soi-même et ses émotions.**

Attention cependant en utilisant le Dollar Cost Averaging, il y a un risque caché… les frais !

Sachez parfaitement quels sont les frais lorsque vous investissez et surtout qu'ils ne grignotent pas votre performance !

Exemple :
Avec un investissement de 1 000 € / mois avec 30 € de frais
Vous perdez environ 3 % sur la performance chaque année
Vous pouvez vous dire que ce n'est rien comparé à la somme investie mais sachant que la performance annuelle est d'environ 9 % par exemple, cela vous fait une perte de 33 % (1/3).

Tout simplement énorme donc faite bien attention à cela.

C'est assez subtil mais nécessaire de le savoir !

Passons maintenant à un chapitre intéressant qui vous aidera à comprendre comment cela fonctionne tout cela niveau fiscalité ?

Bref. Ne perdons pas de temps !

# Chapitre 13

# PEA ou Compte Titre ?

Bon, si vous n'êtes pas familier avec ces termes, vous vous dites sûrement : « Mais de quoi il me parle maintenant ? »

Donc avant de se demander lequel est fait pour vous, il me semble qu'il faut que vous sachiez ce qu'est un PEA et un Compte Titre, n'est-ce pas ?

## Qu'est-ce qu'un Compte Titre ?

Il s'agit d'un compte bancaire qui vous permet d'investir, de conserver et de gérer des actions en Bourse sur tous les marchés (français, européens et internationaux).

## Et c'est quoi un PEA ?

Le PEA est un Plan d'Épargne en Action, c'est un produit d'épargne exclusif au résident français, permettant d'acquérir des actions d'entreprises françaises ou européennes tout en bénéficiant d'une fiscalité avantageuse.

Plusieurs conditions sont à respecter pour bénéficier d'un PEA.
– On peut ouvrir un PEA à condition d'être domicilié fiscalement en FRANCE
– Il faut être majeur : (les enfants mineurs ou majeur rattaché au foyer fiscal de leurs parents et qui sont pris en compte pour le calcul de l'impôt sur le revenu peuvent ouvrir un PEA-jeunes limité à 20 000 €)
– Un seul PEA par personne

Pour résumer un Compte Titre et un PEA sont identiques, car ils vous permettent d'investir en Bourse.

Mais voyons leurs différences de plus près...

## Mais alors quelles sont leurs différences ?

# Commençons tout de suite avec le PEA

### Un avantage non négligeable…

Comme vue précédemment dans le livre, lorsque vous allez recevoir votre plus-value, vous allez devoir payer des impôts à hauteur de 30 %.

Et c'est là que le PEA entre en jeu, car son avantage majeur est fiscal.

Je m'explique, au bout de 5 ans de détention d'un PEA, vous pouvez bénéficier d'un avantage au niveau des impôts. Lorsque vous allez réaliser des plus-values sur vos ETF, actions, ou autres et que vous avez l'envie de les récupérer au bout de 5 ans, les prélèvements sociaux ne seront plus de 30 % mais réduits à 17,2 %.

### … À double tranchant…

Cela veut dire aussi qu'il n'y a pas d'avantage fiscal si vous effectuez un retrait avant 5 ans… de plus un retrait avant cette date entraîne la clôture du PEA … sauf dans 2 cas :
– Lors de la reprise ou la création d'une entreprise
– Suite à un licenciement, une invalidité

Donc patientez 5 ans !

### … Limité aux titres européens…

Le PEA ne permet pas d'acquérir des actions en dehors de l'Europe alors pas possible d'acheter d'en acheter aux États-Unis par exemple…

Le seul moyen est de passer par des ETF synthétiques.

### … Avec un dépôt plafonné

Sur le PEA, la somme maximale qui peut être déposé est de 150 000 € et pas un centime de plus. Dans le cas où vous déposez plus que la somme possible, le compte PEA se fermera et il vous faudra vendre vos actions tout en N'ayant PAS l'avantage fiscale.

Et maintenant, la suite.

# Ensuite passons au Compte Titre

**<u>Investissez où vous voulez</u>**
Avec un Compte Titre vous allez avoir l'occasion d'investir sur tous les marchés existants, aussi bien Américain que Japonais en passant par Australiens.

**<u>Un dépôt illimité avec la possibilité de vendre à tout moment</u>**
Le Compte Titre ne possède pas de plafond pour le dépôt d'argent et aucun risque de clôture de compte si vous souhaitez vendre avant 5 ans.

**<u>Rendez-moi mon argent !</u>**
Voici la plus grande différence avec le PEA, la flat-tax de 30 % à payer aux impôts lorsque vous souhaitez récupérer votre plus-value. Et si je peux vous donner un conseil, regardez bien les frais des différentes plateformes, car il peut y avoir des frais cachés comme des frais de tenue de compte, des frais si vous n'achetez pas tous les mois !

Pour bien comprendre ce que représente la différence au niveau de la fiscalité entre ces deux comptes et vous montrez l'avantage du PEA, je vais vous montrez un exemple (oui, j'adore les exemples, pas vous ?)

<u>Situation initiale :</u>
Vous possédez 40 000 € sur un compte avec 5 714 € de plus-value au bout de 6 ans.
Vous souhaitez récupérer maintenant votre plus-value de 5 714 € sur votre compte en banque personnelle.

<u>Si vos 40 000 € sont sur un compte PEA :</u>
Étant donné que vous avez attendu plus de 5 ans, vous avez le droit de bénéficier de l'avantage fiscal de 17,2 %.
Les prélèvements sociaux seront de :
5 714 × 17,2 % = 982,80 €
Alors vous allez devoir payer aux impôts cette somme

<u>Si vos 40 000 € sont sur un Compte Titre :</u>
Sur un Compte Titre, il n'y a pas d'avantage quelconque alors la flat-tax sera de 30 %.
Les prélèvements sociaux seront de :
5 714 × 30 % = 1 714,20 €
Alors via le Compte Titre, vous allez payer 1 714,20 € aux impôts

Via cet exemple, on peut voir l'avantage vachement intéressant du PEA sur des sommes de cette envergure et en ayant attendu 5 ans. Le PEA est pour les personnes qui sont prêtes à attendre 5 ans avant de récupérer leurs plus-values car sinon le compte se fermera et vous n'aurez pu l'occasion d'en ouvrir un.

Il ne peut aussi que l'une des stratégies à mettre en place et de se diversifier et d'utiliser en même temps un PEA et un Compte Titre. :
Le PEA pour le marché européen sur le long terme.
Le Compte Titre pour avoir accès à tous types de marchés et pouvoir retirer votre plus-value quand vous le souhaitez !

Maintenant, où peut-on ouvrir un PEA ?
Je vais vous donner une liste de plusieurs sites qui peuvent vous permettre d'en ouvrir un.
– Bourse Direct
        Fait partie des moins chères.
– Boursorama Banque
        Prix dans la moyenne.
        Obligation d'ouvrir un compte bancaire chez eux et d'effectuer un achat de 100 € minimum.
– Fortuneo Banque
– ING
        Faire attention, car leurs services sont en train de fermer en FRANCE

Maintenant je vais vous montrer une mise en pratique sur comment acheter un ETF et surtout vérifier qu'il soit éligible au PEA.

ET OUI !

### Sur le long terme :

*La question de savoir qui gagne ou qui perd est déterminée par la compétence, pas la chance*

C'est l'heure de la MISE EN PRATIQUE !

# Chapitre 14

# Mise en pratique de l'achat d'un ETF

Cet exemple de mise en pratique sera effectué sur le site Boursorama.

C'est parti !

Rendez-vous sur le site « Boursorama.com ».

Ensuite cliquez sur le bouton « Bourse » en haut de la page.

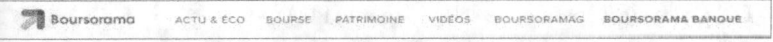

Cliquez sur le bouton « Trackers-ETF » dans l'encadré bleu.

Une petite page va s'ouvrir, cliquez alors sur « Palmarès ».

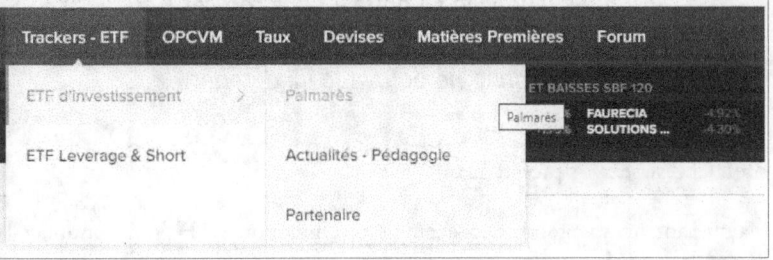

Vous vous trouvez alors sur une nouvelle page avec plein de critères à choisir pour trouver l'ETF qu'il vous faut.

Vous avez divers éléments que vous pouvez sélectionner, en partant du bas vers le haut nous avons :

– La zone géographique (comme son nom l'indique, cela permet de choisir sur quel marché investir)

– Les stratégies/Thématiques (dans quel secteur vous souhaitez investir)

– L'univers (dans quelle valeur mobilière souhaitez-vous investir)

– La devise (normalement la devise se change automatiquement si vous choisissez un PEA car éligible en Euro)

– L'éligibilité (cela permet de sélectionner le PEA)

**À savoir que vous n'êtes pas du tout obligé de sélectionner quelque chose sur chacune des catégories, vous pouvez par exemple seulement choisir « PEA » et bien opter pour un secteur en particulier sans vous soucier du marché…**

*si quelqu'un vide sa bourse dans son cerveau,*

*Personne ne pourra la lui dérober*

Bref. Choisissez vos préférences !

Maintenant on va prendre un exemple et choisir un ETF pour continuer la démarche. Je vais choisir comme critère :

– PEA

– Actions

Dans le lot d'ETF, je souhaite en choisir un Accumulatif (capitalisant)

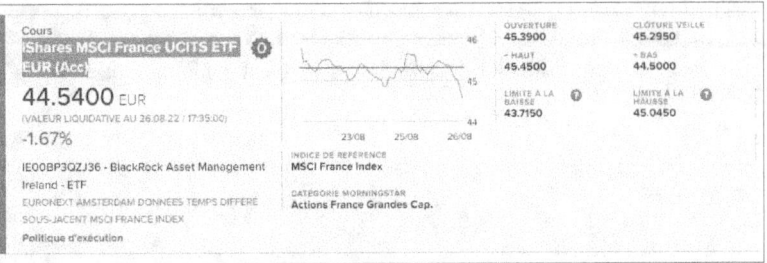

En cliquant, on arrive sur un page décrivant l'ETF.
Nous allons maintenant découvrir les différentes informations intéressantes à connaître.

Tout d'abord, le nom de l'ETF.

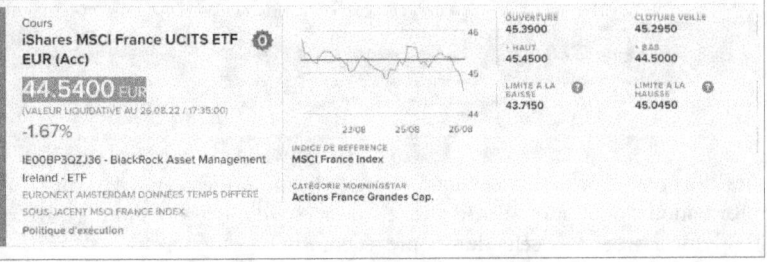

Ensuite son prix (qui varie continuellement).

Pour finir son code ISIN. C'est un code qui nous permet d'avoir des renseignements supplémentaires si on se rend sur le site de l'émetteur. Dans cet exemple, l'émetteur est « BlackRock ». On peut le savoir, car il est noté juste après le code ISIN.

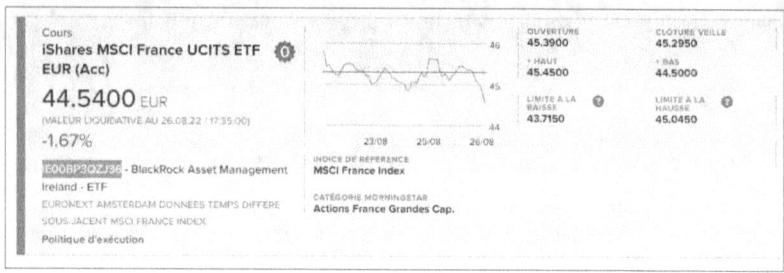

Cela peut être très utile de se rendre sur le site de l'émetteur pour connaître les frais de gestion de l'ETF, car ces frais sont déduits de la performance de l'ETF, il faut donc essayer au maximum de les avoir assez faible, aux alentours de 0,40/0,45.

Dans ce cas, allons voir tout de suite les frais de cet ETF en copiant le Code ISIN et en le collant dans une barre de recherche.

Cliquez sur le premier lien.

Dès lors que vous avez cliqué sur le lien, vérifiez au maximum les informations pour être sûre d'être au bon endroit par exemple le prix de l'ETF est-il proche de celui du site précédent ?

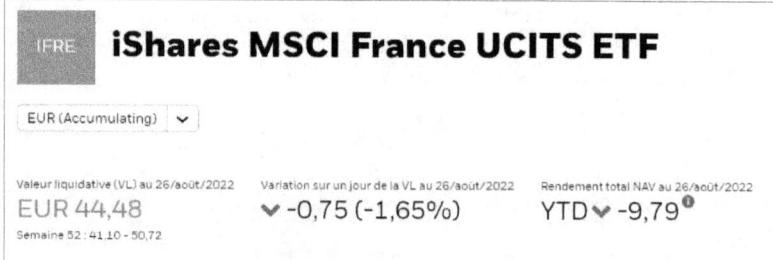

Sur le site Boursorama, le prix était de 44,5400 €.

Et sur le site de l'ETF, le prix est à 44,48 €.

Cela semble cohérent alors nous sommes bien sur le site de l'ETF dont nous recherchons les frais de gestion.

| | |
|---|---|
| Actif net<br>au 26/août/2022 | EUR 66 713 627 |
| Date de lancement de la Classe d'Actions | 05/sept./2014 |
| Devise de la gamme | EUR |
| Classe d'actif | Actions |
| Classification SFDR ❶ | Autre |
| TER ❶ | 0,25% |
| Revenu du prêt de titres ❶<br>au 30/juin/2022 | 0,01% |
| Structure du produit ❶ | Physique |
| Méthodologie ❶ | Réplication totale |
| Société émettrice | iShares IV plc |
| Administrateur | State Street Fund Services (Ireland) Limited |
| Fin de l'exercice | 31 mai |
| ISIN | IE00BP3QZJ36 |

À savoir que le terme « TER » (Total Expense Ratio) représente les frais de l'ETF, alors les frais de gestion de cet ETF sont de 0,25 %.

Ensuite vous pouvez accéder au graphique (car une image vaut mieux que mille mots) pour découvrir sa performance.

Il y a 2 courbes qui se chevauchent quasiment, cela montre bien que l'ETF essaie de suivre au maximum l'indice qu'il traque, aussi bien ses hausses et ses baisses.

Pour finir, vous pouvez voir la composition de votre ETF.

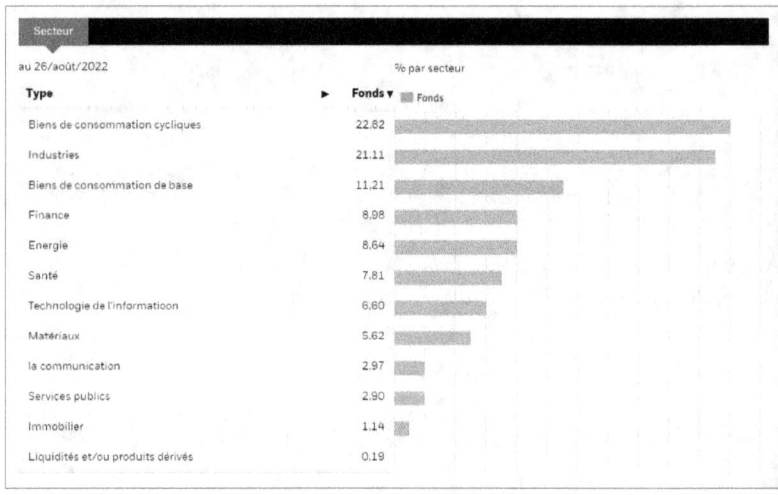

Passons maintenant au moment que vous attendez tous… L'achat de l'ETF !

Roulement de tambours…

Car c'est un moment important !

Il vous suffit tout simplement de cliquer sur le gros bouton vert.

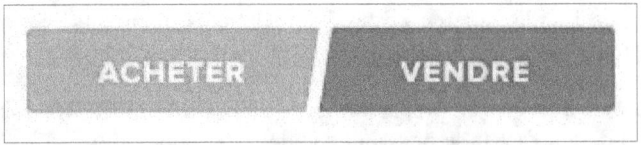

Et oui, tout simplement.

Une nouvelle page s'ouvre sur le côté droit de votre écran.

Tout en haut de cette page, il y a un encadré « flouté » où vous pouvez choisir quel compte utilisé (comme le PEA ou le Compte-Titre par exemple) avec le montant alloué dessus, ici : 1,89 €.

En dessous du bouton « ACHETER », vous pouvez choisir comme vous désirez acheter cet ETF, en termes de quantité (multipliera le nombre par le prix) ou bien par un montant.

Cela devient intéressant, continuons…

Je vais vous lister les différents types d'ordre les plus importants à connaître et leurs significations :

**– Au marché :**
Cela permet d'acheter au prix actuel, celui affiché mais ATTENTION, il se peut que durant l'achat, le prix continue de varier donc ne soyez pas surpris d'un léger changement dans le prix à la fin de la transaction.

**– Ordre limité :**
Comme son nom l'indique, il vous sera possible de mettre une limite de prix d'achat que vous êtes prêt à mettre. Exemple : Prix actuel est de 45 € mais vous choisissez de mettre une limite à 44 € alors tant que le prix de l'ETF ne sera pas descendu en dessous de votre limite, l'achat ne s'effectuera pas.

Possibilité de mettre une date de validité de votre ordre limité.

À savoir que le principe est le même pour la revente.

Et voilà, félicitation, vous êtes l'heureux propriétaire de votre ETF qui vous permet d'investir au mieux en Bourse !

Mais… Il me semble que vous avez une question, n'est-ce pas ?

Où retrouver vos achats ?

Je vais vous guider, cliquez en haut de la page sur « mes comptes ».

| MES COMPTES | MON BUDGET | MES DOCUMENTS | NOTRE OFFRE | MES PARRAINAGES | BOURSE | PLUS ▾ |
|---|---|---|---|---|---|---|

Ensuite sélectionner le compte (sur le côté gauche) avec lequel vous avez passé un ordre d'achat.

Vos possessions n'afficheront au milieu de votre écran !

Vous allez avoir diverses informations pour connaître l'état de votre ETF.

| QUANTITÉ | PX. REVIENT | COURS | MONTANT | +/- LATENTES | +/- % |
|---|---|---|---|---|---|

Montant : Le montant que vous avez investi.

Prix de revient : Le prix auquel vous avez acheté
Cours : La valeur actuelle de l'ETF
Latentes : Le montant que vous gagnez ou perdez
+ / - % : La rentabilité en pourcentage

Et pour revendre un ETF, il vous suffit de cliquer sur le bouton orange près du nom de l'ETF.

Bravo ! Vous voilà avec toutes les cartes en mains maintenant pour investir en ETF.

Regardons maintenant mes 7 critères pour un ETF parfait !

# Chapitre 15

# Les 7 critères essentiels à vérifier avant l'achat d'un ETF

Bon, comment vous sentez-vous ?

Changé, n'est-ce pas ?

Vous avez développé, au fil de nos échanges, une certaine curiosité pour les ETF, ne dites pas non, je peux le voir !

Et maintenant que vous comprenez davantage (grâce au tutoriel précédent) comment devenir propriétaire d'un ETF et comment investir passivement sans effort... Il y a un dernier truc que j'aimerais vous partager.

Les 7 critères pour avoir un ETF qui vous suivra jusqu'au bout du monde !

Ça donne envie !

Sans plus attendre voici la liste !

### Un indice de choix
Petit rappel, les ETF suivent à la lettre un indice... Dans ce cas, il faut bien savoir quel indice l'ETF va suivre en question. Est-ce que c'est le SNP 500 ? (les 500 plus grandes entreprises américaines) ou le CAC40 ? (les 40 plus grandes entreprises française).

Bref, ce que j'essaie de vous dire c'est qu'il vous faut savoir un minimum quelle courbe votre ETF va poursuivre.

**À savoir :** Lorsque vous investissez sur un ETF MONDE, l'ETF est composé de 23 pays ! 60 % de sociétés américaines, 8 % de japonaises, 5 % du Royaume-Uni, 5 % de françaises, 4 % de suisses et 15 % d'autres pays.

### PEA, Compte-Titre… que choisir ?
Un critère de sélection de votre ETF peut se jouer en fonction de votre enveloppe fiscale. Autrement dit si vous passez par un PEA (Plan d'Épargne Action) ou bien un CTO (Compte Titre Ordinaire) voir une assurance-vie !

Pourquoi ? Car pour ne prendre qu'un exemple, le PEA ne permet que d'investir dans des entreprises européennes ! Donc cela peut limiter votre choix.

Continuons.

### L'encours sous gestion
Alors là, vous vous dites : « Mais qu'est-ce que l'encours sous gestion ? C'est quoi ce mot barbare ? »… C'est vrai que dit comme cela, c'est un mot qui semble complexe mais son explication est vachement simple !

C'est tout bêtement le montant investi par la TOTALITÉ des investisseurs dans un ETF !

Dans les grandes lignes, cela veut dire que plus il va y avoir un encours sous gestion élevé, plus il y aura de liquidité.

Ce qui veut dire que l'ETF peut être acheté ou vendu rapidement sans que cela n'impacte grandement son prix. Et donc sa facilité d'échange.

Pour résumé, lorsque vous allez avoir l'envie de revendre votre ETF sur le long terme, cela se fera très simplement ! Voilà à quoi sert l'encours sous gestion.

**À savoir :** Essayez au maximum de privilégier les encours sous-gestion les plus élevés possibles ! Dites-vous qu'au-delà de 100 millions, l'ETF commence à posséder une bonne liquidité.

### Dividendes ou pas ?
C'est un choix crucial… Que désirez-vous ? Récupérer des dividendes chaque année ? Chaque trimestre ? Chaque mois ? Ou vous êtes de ceux qui préfèrent voir leurs investissements prendre de la valeur automatiquement ?

Pour vous aider à décider, petit rappel.

Lorsque vous percevez des dividendes, il va falloir les déclarer…

Mais ! Oui il y a un mais ! Si vous possédez un PEA, il n'y aura pas d'imposition tant que vous ne les retirez pas ! Pourquoi ? Car c'est une enveloppe capitalisant ! (c'est son avantage)

Tandis que via le CTO, vous aurez systématiquement à payer la flat tax de 30 %…

C'est pour toutes ces raisons que je suis plutôt un adepte des ETF capitalisant (qui réinvestissent les dividendes dans l'ETF en question automatiquement)

## Les frais de l'ETF

S'il y avait un critère qui pouvait faire pencher la balance à lui tout seul, cela serait celui-ci : les frais ! C'est vrai que c'est un peu trompeur…

Je vous invite à comparer les ETF entre-eux pour véritablement trouver le meilleur !

Mais n'oubliez pas que même si vous voyez une toute petite différence entre 2 ETF comme par exemple 0,1 %, il est très facile de se dire : « C'est rien » mais sur un investissement à long terme, cela fait absolument toute la différence.

Sur 20, 30 ans, c'est une quantité folle d'argent !

Vous savez quoi ? Suivez cette règle simple… Dès que les frais dépassent 0,5 %, n'investissez pas !

*C'est le fait d'avoir tort, pas le fait de perdre,*
*Qui nuit le plus à votre portefeuille*

## La réplication

Ensuite on retourne brièvement sur l'indice que doit suivre l'ETF… Jetez un œil à la qualité de réplication de l'ETF vis-à-vis de l'indice de référence…

Cela vous aidera à savoir si l'ETF suit parfaitement l'indice ou bien s'il y a des décalages.

Plus vous en saurez, mieux vous vous sentirez !

Et enfin pour finir…

## La plateforme et ses frais…

Lorsque vous achetez un ETF, vous allez le faire via une plateforme… Pour l'instant je ne vous apprends rien… Mais sachez que ces plateformes prennent aussi des frais !

Généralement ce sont des frais annuels, mais il est possible qu'il y ait des frais lorsque vous passez des ordres d'achat !

Donc n'hésitez absolument pas à vous rendre sur la plateforme qui prend le moins de frais possible.

Et voilà ! Terminé !

Vous êtes maintenant préparés davantage pour acquérir votre ETF !

En appliquant toutes ces vérifications, vous augmentez vos chances de performer et c'est ça que l'on veut tous !

# Chapitre 16

# Qui veut générer 31 000 € en épargnant seulement 150 € par mois ?

30 000 €… C'est une sacrée somme, n'est-ce pas ?

Je ne connais personne qui dirait non à une telle somme d'argent.

Et pourtant… Si je vous disais que cette somme était beaucoup plus proche de vous que vous ne le pensez… Est-ce que vous me croiriez ?

C'est bel et bien le cas !

**Il vous faut 2 choses, de la patience et de la rigueur !**

Bon, dit comme cela, ça ne donne pas trop envie, mais vous verrez que via la méthode découverte auparavant d'investissement passif, tout se passera sans effort.

*Ne soyez pas un héros, n'ayez pas d'égo*

*Remettez-vous en question tout le temps*

*Ne pensez jamais que vous êtes hyper fort*

Et vous aurez vous aussi cette somme sur votre compte en banque !

Bon, trêve de bavardages !

Comment récupérer ces 30 000 € ?

Je vais vous donner un site web pour vous aider à visualiser quelle somme vous pouvez générer en fonction de :
– La durée d'épargne
– Le montant initial
– Le rendement
– La contribution mensuelle

Voici le lien : https://financer.com/fr/finances/calcul-interets-composes/*

Ce site vous permet de faire une simulation pour avoir une idée plus concrète de la somme à investir pour atteindre votre objectif.

Je pense que le mieux est de vous montrer ce que cela donne, n'est-ce pas ?

Faisons une petite simulation !

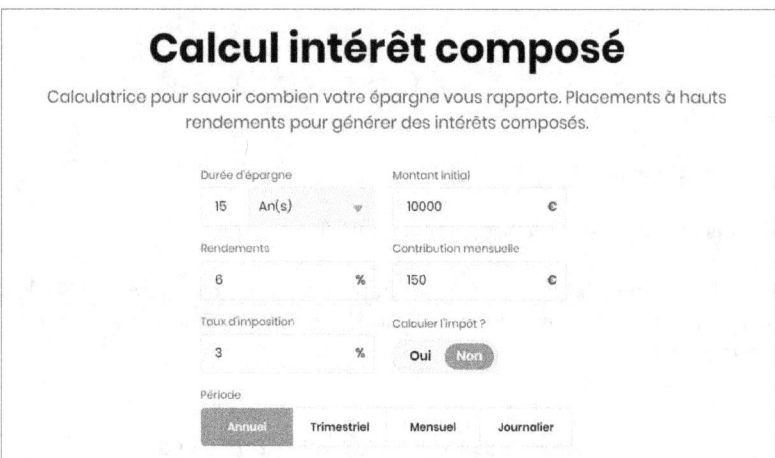

Comment gagner un peu plus de 30 000 € avec 150 € par mois ?

Imaginons que vous avez une somme de départ de 10 000 € et que vous investissez chaque mois 150 € à hauteur de 6 % par an.

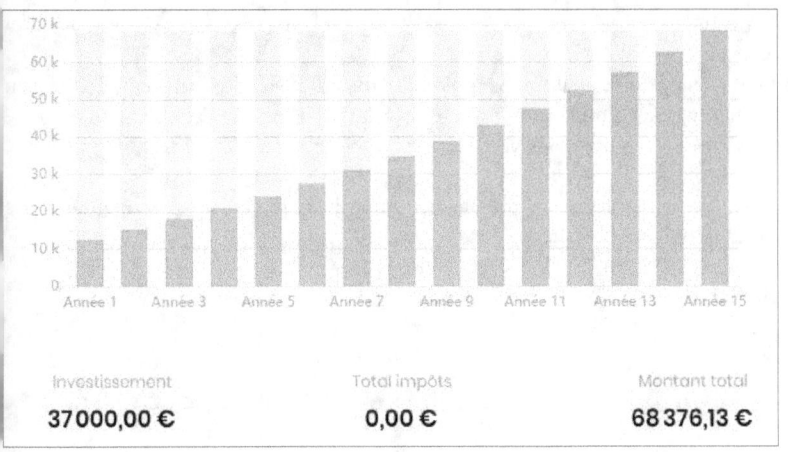

Au bout de 15 ans, vous allez avoir 68 376,13 € exactement sachant que dans cette somme vous aurez investi 37 000 €.

Ce qui fait 68 000 – 37 000 = 31 000 € de gagné !

31 000 € en investissant chaque mois une somme fixe sans vous soucier des hauts et des bas tout cela pendant 15 ans et vous voici avec quasiment le double d'argent !

Je trouve cela fascinant !

Bien sûr tout cela était un exemple ! Je vous invite à vous amuser grâce au lien en faisant des simulations pour que cela correspond véritablement à votre situation et à ce que vous voulez faire !

Jouer véritablement avec tous les paramètres, le temps, la somme initiale, les investissements mensuels…

Bref. Trouvez votre modèle !

# Chapitre 17

# Comment continuer à investir et vivre de ses revenus passifs ?

Bon, je ne sais pas vous mais moi, je suis content.

Content, parce que l'on a vu énormément de chose jusqu'à présent et je suis certain qu'une petite flamme est en train de s'allumer en vous.

Cette petite flamme qui vous pousse à en vouloir encore plus !

Je suis tout à fait conscient que les investissements peuvent paraître insurmontables mais souvenez-vous, faites juste de tous petits pas et tout ira bien.

> *C'est le besoin d'agir sans cesse et sans raison valable qui est la cause de tant de pertes*

Je suis convaincu que tout ira pour le mieux, car vous êtes actuellement en train de faire ces pas, en étant arrivés jusqu'ici, vous venez de faire beaucoup plus qu'un nombre incalculable de personne.

Passer à l'action est la chose – selon moi – la plus difficile qui soit !

Nous sommes tous tellement habitués à nos habitudes que le changement nous effraie énormément…

Mais c'est en allant outre petit à petit que vous faites la différence !

J'avais besoin de vous dire cela, car c'est toujours agréable de se rappeler pourquoi vous faites cela et que vous avancez dans la bonne direction !

Écoutez, je me doute que l'on peut se dire quelques fois que c'est beaucoup trop beau pour être vrai.

Qu'il y aura peut-être le retour du bâton…

<u>L'inconnu effraie, c'est normal…</u>

C'est pour cela que je souhaite vous donner maintenant des exemples d'investissements à 100 € pour que vous puissiez passer le cap et véritablement savoir si cela est fait pour vous ou non ! Ou bien si vous avez besoin d'un peu de temps pour vous préparer davantage.

Pourquoi vous dire tout cela ? Car je suis moi aussi passé par là. J'avais l'envie, mais je possédais aussi une crainte en moi qui me freinait…

Cependant je ne voulais pas du tout abandonner !
Je souhaitais juste une sorte d'entraînement – oui c'est ça le terme – un entraînement pour voir comment j'allais réagir et un point important, si j'aimais cela !

Donc j'ai essayé avec un investissement à 100 € (108 € pour être plus précis, vous allez comprendre pourquoi rapidement).

J'ai longuement hésité entre plusieurs moyens de le faire… Mais un moyen m'a semblé être la bonne selon moi.

Tout ceci c'est passé sur le site <u>NEXO.IO</u>, c'est un site de crypto-monnaie (oui, moi aussi ce mot me fait peur).

Le principe était simple… Investir 100 $ (ce qui équivaut environ à 108 €) dans des monnaies virtuelles mais hors de questions pour moi de prendre autre chose que des monnaies stables !

C'est-à-dire qui suivent de réelle monnaie comme le Dollar.

Car je voulais me sentir en confiance…

Donc je l'ai fait – en passant par un lien de parrainage – ce qui m'a permis de débloquer 25 $ le premier mois ! (c'était le bonus d'être passé par le lien)

Je vous passerai le lien pour que vous aussi vous puissiez avoir 25 $ de bonus en 1 mois. Ce qui fait entre-nous déjà 1/4 de ma somme que j'avais déjà gagnée !

Le principe est de posséder des monnaies virtuelles et de recevoir des dividendes CHAQUE JOUR qui sont réinvestis immédiatement.
Ce qui augmente chaque jour, la valeur de votre investissement.

J'étais vachement content.

Cela m'a donné envie de voir comment cet argent allait évoluer et surtout si j'allais retirer cet argent à la moindre baisse…

Bref. Assez du blabla, voici des images concrètes !

Voici le premier jour !

| Solde du portefeuille | ⑦ | Ligne de crédit | ⑦ | Intérêt gagné | ⑦ | Loyalty Level | ★ |
| --- | --- | --- | --- | --- | --- | --- | --- |
| | | $99.27 | | | | | |
| $110.30 | | Crédit disponible | | | | Base | |
| | | $99.27 | | $0.00 | | Mise à niveau vers Argent → | |

Voici maintenant le compte avec les 25 $ de BONUS !
(Je ne sais pas vous mais ça motive grave!)

| Solde du portefeuille | ⑦ | Ligne de crédit | ⑦ | Intérêt gagné | ⑦ | Loyalty Level | ★ |
| --- | --- | --- | --- | --- | --- | --- | --- |
| | | $112.39 | | | | | |
| $136.15 | | Crédit disponible | | $0,67 | | Base | |
| | | $112.39 | | Voir les détails des intérêts → | | Mise à niveau vers Argent → | |

Et cette dernière image 1 an après

| Solde du portefeuille | ⑦ | Ligne de crédit | ⑦ | Intérêt gagné | ⑦ | Loyalty Level | 🎖 |
| --- | --- | --- | --- | --- | --- | --- | --- |
| | | $129.51 | | $10,21 | | Argent | |
| $145.39 | | Crédit disponible | | | | | |
| | | $129.51 | | Voir les détails des intérêts → | | Mise à niveau vers Or → | |

Avec la puissance des intérêts composés, chaque jour.
Mon taux de rendement est de 8 % !

C'est tout bonnement énorme !

Je vous donne toutes les explications en passant par ce lien :
https://danielwangen.fr/ressource-numero-2-investissement-nexo/

Ou en flashant ce QR code

Il s'agit de mon site web ! Cela vous ouvrira la page correspondante pour recevoir gratuitement un tutoriel ainsi que toutes les explications détaillées pour que vous puissiez faire votre propre avis !

Pour continuer dans les investissements possibles avec 100 € après les crypto-monnaies, il y a…

### L'immobilier via les SCPI
Les SCPI (Société Civile de Placement Immobilier) sont des sociétés qui investissent dans des biens immobiliers et qui en assure la gestion.
Le plus intéressant c'est que vous pouvez investir en immobilier sans devoir débourser des sommes folles, passer des heures à chercher le bon bien, vous battre pour obtenir un prêt pour le louer…

Le SCPI le fait pour vous !

Tout simplement en achetant des parts de cette société, vous allez toucher un pourcentage des loyers.

## Le financement participatif aussi appelé Crowdfunding

Alors c'est assez simple, il s'agit de financer des projets ! Comment ? En prêtant de l'argent pour les aider à compléter un financement bancaire par exemple. Et chaque mois, vous allez être remboursés de votre somme plus des intérêts.

N'hésitez pas à regarder l'historique du taux de remboursement pour bien vérifier si les entreprises ont eu par le passé des difficultés ou bien des retards.

## Les prêts bancaires

Celui-ci un peu plus exotique je trouve.

Il y a des entreprises de crédit qui accordent de petits prêts et des micro-crédits. Mais pour pouvoir proposer des prêts plus élevés, ces entreprises proposent aux investisseurs de pouvoir investir dans des crédits et don c de se partager les intérêts.

Vous allez alors avoir le rôle d'une banque.

Il en existe encore davantage !

Plus vous investirez, plus vous trouverez d'occasions de faire fructifier votre argent !

En Bourse, il ne faut pas se dire : « Est-ce que je vais vendre ? » mais « <u>Est-ce que je vais tenir ?</u> »

**CONSEIL N°4**

# Conclusion

La première chose que j'aimerais vous dire c'est un grand MERCI !

Merci d'avoir été jusqu'au bout de ce GUIDE, je peux vous assurer que des changements ont déjà été opérés en vous !

Comment me dites-vous ?

Car vous vendez d'effectuer un grand saut vers votre indépendance financière !

Beaucoup de gens s'osent jamais franchir quelconques pas par peur du changement ou crainte d'échouer – et c'est normal de ressentir cela – mais c'est en allant au-delà de cette petite voix intérieure qui nous effraie constamment que vous pouvez passer au niveau supérieur…

Le simple fait d'avoir ce GUIDE entre vos mains maintenant, vous montre que vous avez osé agir !

Je suis sûr que vous vous dites : « C'est bien beau tout cela, mais ce n'est qu'un livre que j'ai lu, cela ne changera pas ma vie demain ! »

C'est vrai que ce n'est qu'un SIMPLE livre que vous venez de lire… Mais dites-moi, combien de personnes lisent des livres… Combien de personnes s'intéressent vraiment à se renseigner sur ces sujets ?

Bien sûr, il y en a !

Et je suis convaincu que tout le monde peut les reconnaître, car ils lisent, ils lisent, et ils appliquent ce qu'ils ont lu !

Bref.

Ce que j'essaie de vous transmettre comme idée c'est qu'il ne faut pas que vous MINIMISIEZ l'effort que vous venez de faire…

Chaque (micro) changement commence par une action anodine…

Une action qui peut sembler dérisoire…

Qui n'a pas forcément de sens à l'heure actuelle…

Mais pourtant c'est bel et bien une idée que vous venez de planter dans votre esprit… Et cela, je vous l'assure, cela vaut de l'OR !

Je suis certain que vous comprenez mon point de vue, n'est-ce pas ?

Car si vous m'avez lu jusqu'ici c'est que vous avez la niaque !

Bon, après la lecture de l'ensemble de ce GUIDE, je vous ai montré pourquoi la Bourse n'attend que vous !

Comment éliminer votre plus grosse peur en 1 éclair : La perte

Et surtout, je répète, surtout comment faire en sorte que cet investissement soit RÉELLEMENT passif (car c'est que vous nous recherchons tous !)

Le tout est de vous imaginer maintenant dans quelques mois ou années – avec davantage d'assurance et de confiance en vous – en train de vous lancer dans cet investissement, sachant véritablement quoi faire, pourquoi le faire et quand le faire.

Et je suis sûr que cela sera à ce moment-là que vous regarderez en arrière et que vous vous direz : « J'ai eu raison d'essayer. »

Même si aujourd'hui vous vous sentez comme un complet débutant malgré la lecture de ce livre, je vous invite à continuer à vous renseigner, à rechercher, à comprendre, à lire d'autres livres.

Continuez dans cette fabuleuse ascension et grimpez encore et encore vers votre indépendance et augmentez votre motivation !

Pour terminer s'il ne fallait retenir qu'une seule chose de ce GUIDE…

Qu'une seule petite chose…

Je dirais la PARTIE 2…

Pourquoi avoir choisi cette partie ?

Car je trouve que c'est la partie qui déclenche TOUTES LES AUTRES.

Il est fort probable que vous ayez quelques réserves malgré le fait que vous voulez vous lancer dans cet investissement.

Entre nous, qui n'en a pas ? Tout le monde a ses réserves, c'est totalement normal.

Et c'est dans cet optique que, selon moi, réussir à préparer votre investissement, à avancer petit à petit (sans gestes brusques), vous donne un maximum de chance de passer à l'action.

(Et c'est ce que vous recherchez)

Tout en comprenant l'urgence de vous construire un patrimoine pour éviter que l'inflation grignote votre argent.

En d'autres termes, c'est l'aspect psychologique, l'aspect mental, l'esprit qui est le plus important lorsque vous investissez et c'est alors pour cela que je considère la PARTIE 2 comme étant LA chose à retenir.

Bref.

Trêve de blabla !

Il est grand temps que je vous laisse…

Merci beaucoup et félicitation à vous d'avoir fait le premier pas vers vous, vers moi.

N'hésitez pas à laisser un COMMENTAIRE sur AMAZON pour m'expliquer votre ressenti, cela m'aiderait BEAUCOUP.

Cela remercie le temps de recherches, de rédaction, de création de ce GUIDE.

Je vous en serais très reconnaissant.

Hâte de lire votre avis et curieux de savoir comment se portera votre futur investissement !

Comment faire pour donner votre avis ?

C'est tout simple, je vous explique cela en 3 étapes maintenant !

Pour cela :

1. Allez voir dans l'historique de vos commandes

2. Trouvez le livre « Le Guide du débutant de la Bourse »

3. Cliquez sur « Laisser un commentaire ». !

Pour tous ceux qui en veulent plus (et je sais qu'il y en a), vous pouvez retrouver du CONTENU GRATUIT sur mon compte **INSTAGRAM :** @daniel_wangen

# Pour aller plus loin

Bon, je vais vous partager tous les endroits où j'ai trouvé mes informations pour vous donner des idées de suites pour vous !

**YouTube :**

Matthieu Louvet – S'investir

Julien EK

Michael Ferrari

Boursorama

Rémy Jupille

Grand Angle

Emilio

Julien LR – Investissements

Investir Au Pays

Zonebourse

Sébastien Koubar

Clément Bravo

Juan Two Three – Investir en bourse

**À très bientôt !**